浜内千波の

暮らしカレンダー

1年を
気持ちよく
暮らすコツ

はじめに

家族の健康と幸せ——私は、そのことをいつも考えて、料理を作っています。「料理を作ること」は私の仕事ですが、この仕事の原動力はそこにあるのかもしれません。

料理だけでなく、掃除、洗濯、アイロンがけ、整理整頓、庭の手入れ、ご近所付き合いなどは、私たちが生きていくうえで欠かせない大切なことのひとつで、人の営みの「基本」だと思うんです。

食が大事だから、「食事」、家が大事だから、「家事」、この「事」を大切に思いながら、私は基本を、毎日365日、心を込めてやっています。それが、自分を含め、家族の健康と幸せを手に入れる早道ではないかな、と思っています。

家事などちょっとおっくうなことも習慣づけてしまえば、あとはこっちのものです。やらないほうが落ち着かなくなりますから。そして、体を動かし、手をかければ、日々の生活は必ず楽しくなりますよね。

忙しく、せわしない日々だからこそ、上手に時間を使って、料理や家事にかけてみましょう。だって、人生、サプライズはそんなにやってきませんもの。ささやかな幸せを喜べる豊かな心をもつことが、これほど大切な時代はないと思うんですね。幸せの空気を自分で作らないともったいない。

この本では1年を通じて、生活を豊かにする「四季の野菜を使った、体によくて簡単にできるレシピ」をはじめ、「わが家のお掃除のルール」や、「気持ちよく生活する暮らしのコツ」を紹介しています。この本を手にとってくださった方の参考に少しでもなれば、うれしいです。

ね、今日から一緒に頑張りましょうよ。

浜内千波

目次

赤キャベツ

春のレシピ

春の木々は淡い緑で、
芽吹きはじめたやわらかさを感じます。
野菜もこれとおなじで、淡い色でやわらかです。
ですから、春キャベツや新玉ねぎなど
加熱せずに生でいただいてもおいしい野菜や菜の花、
グリーンアスパラガスなどのように
さっとゆでればいただけるものが多いんです。
また、冬の間に体内に蓄積された老廃物や毒素を
排出してくれるのも春野菜の特徴のひとつ。
春の息吹を食卓に取り入れて、
体の中からきれいになりましょう。

omaine de Marcer

ごまのうまみ成分を上手に利用した
滋味あふれる春の煮ものです。

たけのこと豆腐と わかめのごま煮込み

材料　4人分

ゆでたけのこ…200 g
高野豆腐…4枚
水…3カップ
しょうゆ…大さじ3
みりん…大さじ3
カットわかめ（乾燥）…5 g
ごま…大さじ5

作り方

1－たけのこは一口大に切る。

2－ボウルに水（分量外）をたっぷりはり、高野豆腐を入れて戻す。戻したら、水気を絞って一口大に切る。

3－鍋に水としょうゆ、みりんを入れて、たけのこと高野豆腐を加え、中火でひと煮立ちしたら、弱火にし、10分煮込む。

4－乾燥わかめとごまを加え、わかめがひらいたら、火を止める。

菜の花は下ゆでの
必要がないんです。
驚きでしょ。

菜の花とプチトマトと鶏肉の粒マスタード炒め

材料 4人分

菜の花…2束
プチトマト…15個
鶏もも肉…1枚
塩…適量
こしょう…適量
健康油…大さじ1
粒マスタード…大さじ2

作り方

1－菜の花は半分に切り、プチトマトはヘタをとる。鶏肉はそぎ切りにして軽く、塩、こしょうする。

2－フライパンに健康油を中火で熱し、鶏肉、菜の花、プチトマトの順に入れ、ふたをして弱火で5～6分蒸し焼きにする。

3－火が通ったら、粒マスタードと塩、こしょうをかけて味を調える。

春のハーブたっぷりのひじきのちらし寿司

作り方

1－にんにくは薄切りにし、ベーコンはみじん切りにする。アーモンドはフライパンで軽くローストする。

2－ボウルに玉ねぎをすりおろし、フライパンに入れ、弱火でねっとりするまで炒めて器に取り出す。

3－ボウルに熱湯1カップ（分量外）を注ぎ、砂糖（分量外）ひとつまみを入れて混ぜ、ひじきを加えて10分おいて戻す。

4－ひじきが戻ったら、フライパンにオリーブオイルを中火で熱し、ひじきを炒めて塩、こしょうで味を調え、器に取り出す。

5－４のフライパンを洗わず、にんにくとベーコンを炒め、ベーコンの脂をよくきって器に取り出す。

6－ごはんを大きめの器に入れ、炒めた玉ねぎと酢、塩、4のひじき、アーモンドを加えて混ぜる。

7－パルメジャーノチーズとにんにく、ベーコン、ハーブを散らす。

材料 4人分

にんにく…大1片
ベーコン…2枚
アーモンド（ダイス）…30 g
玉ねぎ…中 ½ 個
乾燥ひじき…5 g
オリーブオイル…小さじ1
塩…少々
こしょう…少々
硬めに炊いたごはん…500 g
酢…大さじ3
塩…小さじ1弱
パルメジャーノチーズ…大さじ1
好みのハーブ数種類…適量

お料理
ちょっとメモ❶

寿司酢に使う砂糖の代わりに炒めた玉ねぎを入れます。砂糖よりもまろやかで、コクが出て断然おいしくなるんです。玉ねぎ、酢、塩はごはんに直接入れちゃってOKです。

寿司酢に砂糖を使わず、
玉ねぎの甘みを利用します。
ハーブはお好みのものを
たっぷりどうぞ。

アスパラガスの
うまみ成分と
炒めた長ねぎの
おいしい出会いです。

グリーンアスパラガスと
ポーチドエッグのグラタン

材料 4人分

グリーンアスパラガス…2束
長ねぎ…1本
酢…大さじ3
塩…少々
卵…4個
健康油…大さじ1
とろけるチーズ…60 g
山椒…適量
しょうゆ…適量

作り方

1－グリーンアスパラガスは茎の硬い部分の皮をむき、オーブントースターで約10分焼いて3cm長さに切る。長ねぎは小口切りにする。

2－フライパンに水2カップ（分量外）を入れ、気泡が出てきたら、酢と塩を入れて卵を1個ずつ静かに割り入れ、中火で約4分ゆでてポーチドエッグを作り、ざるに取る。

3－フライパンに健康油を中火で熱し、長ねぎを入れてこんがりするまで炒め、器に取り、油をよくきる。

4－３とは別の器にアスパラガスとポーチドエッグをのせて塩、こしょうし、チーズを散らしてオーブントースターで約4～5分焼く。

5－山椒と長ねぎをのせて、しょうゆをかけていただく。

ごぼうは水にさらさなくていいんです。
レモンを絞れば白いまま。

新ごぼうのマヨネーズサラダ

材料 4人分

新ごぼう…100 g

レモン…¼個

A
- 健康マヨネーズ…大さじ2
- 塩…適量
- こしょう…適量

ルッコラ…適量

作り方

1－新ごぼうはよく洗って泥を落とし、せん切りにしてボウルに入れる。

2－1にレモンを絞りかけ、Aとちぎったルッコラを入れてよく混ぜる。

ふきの香りと歯ごたえをきちんと残した
シンプルで味わい深いおひたしです。

ふきのおひたし

材料 4人分

ふき…6本

A
- だし汁…2カップ
- 薄口しょうゆ…大さじ2
- みりん…大さじ2

花穂じそ…適宜

作り方

1－ふきは鍋に入る長さに切り、塩（分量外）をふりかけ板ずりして、5〜6分おく。

2－鍋に水（分量外）を入れて沸騰したら、ふきを入れ、3〜4分ゆでる。ゆだったら、水に取り、皮をむいて4〜5cm長さに切る。

3－2とは別の鍋にAを入れてひと煮立ちしたら、火からおろす。ふきを加え、約20〜30分漬ける。

4－器に盛り、あれば花穂じそをのせる。

生地も手作り、
にんじんを入れた
ヘルシーな和風ピザの
できあがり。

春野菜の簡単ピザ

材料　4人分

にんじん…30 g
新しょうが…1片
えのきだけ…½束
A
- にんじん…50 g
- 小麦粉…100 g
- オリーブオイル…大さじ2
- 水…大さじ1
- 塩…少々
- こしょう…少々

とろけるチーズ…80 g
ごま…大さじ1
クレソン…½束
焼きのり…½枚
ごま油…適量

作り方

1－にんじん30 gはせん切りにし、Aのにんじんと新しょうがはみじん切りにする。えのきだけは適当な長さのざく切りにする。

2－ボウルにAを入れてしっかりと練って約5分おく。

3－フライパンに、油をひかずに2の生地をフライパンの大きさに合わせてのばし、火をつけて片面4分ずつ焼く。

4－裏返し、にんじんとえのきだけ、とろけるチーズをのせてふたをし、チーズがとろけるまで焼く。

5－しょうが、ごまを散らし、クレソンとのりをちぎってのせる。最後にごま油を回しかける。

焼きたけのこと えびの木の芽だれ

材料 4人分

ゆでたけのこ…200 g
エリンギ…2本
えび（ブラックタイガー）…8尾
塩…少々
こしょう…少々
オリーブオイル…適量

A
- おろし玉ねぎ…大さじ1
- しょうゆ…大さじ1
- 酢…大さじ1
- からし…少々

木の芽…4～5枚

作り方

1 ― たけのこは縦1cm幅に切り、エリンギは縦3等分に切る。えびは殻をむき、背ワタを取る。

2 ― 1の野菜とえびにハケでオリーブオイルを塗って、塩、こしょうし、焼き網でこんがりするまで両面を焼く。

3 ― ボウルにAを入れ、よく混ぜ合わせてたれを作る。

4 ― 野菜とえびを器に並べ、たれをかけ、木の芽をちぎって散らす。

歯ごたえがいいもの同士の組み合わせ。一皿で春の味覚が楽しめます。

肉の代わりに
豆腐を使った
ダイエットにも最適な
ロールキャベツですよ。

簡単やわらか ロールキャベツ

材料　4人分

キャベツ…12枚
しょうが…1片
木綿豆腐…1丁
卵…1個
A ごま…大さじ1
　青のり…大さじ1
　かつお節…5g
　塩…小さじ1
　こしょう…少々
水…4カップ
塩…適量
こしょう…適量
水溶き片栗粉…大さじ2

作り方

1ーキャベツは12枚はがし、そのうちの4枚をみじん切りにし、塩（分量外）をふってしんなりするまでおき、絞る。絞り汁はとっておく。しょうがはみじん切りにする。

2ー1の残りのキャベツを鍋に入れ、しんなりするまで蒸す。

3ー豆腐は適当な大きさに切って、キッチンタオルで包み、写真のように水きりする。ボウルに入れ、卵を割り入れて1のみじん切りにしたキャベツとAを加え、よく混ぜ合わせてたねを作る。

4ー3のたねを8等分にし、2のキャベツで包む。

5ー鍋に4と水と1のキャベツの絞り汁を入れて塩、こしょうし、中火で約10分煮込んだら、水溶き片栗粉でとろみをつける。

6ー器に盛り、しょうがのみじん切りをのせる。

お料理ちょっとメモ❷

キャベツはゆでずに蒸すと、とっても甘く、栄養素も逃げません。

お料理ちょっとメモ❸

豆腐は適当な大きさに切り、キッチンタオルに包んで巻きすに巻き、適度な力で絞ると手早く簡単に水きりができます。

新玉ねぎの甘みが
味を豊かにします。
ごはんがすすむ
おかずです。

新玉ねぎとさばのこしょう炒め

材料　4人分

新玉ねぎ…中2個
さば…1尾（3枚おろし）
塩…小さじ½
こしょう…適量
片栗粉…適量
健康油…大さじ3
しょうゆ…大さじ1
酢…大さじ2
酒…大さじ2
粗挽きこしょう…多め
木の芽…適量

作り方

1－新玉ねぎは1cm角に切る。さばは一口大のそぎ切りにし、塩、こしょうして片栗粉をまぶす。

2－フライパンに健康油大さじ2を中火で熱し、さばは皮を下にして入れ、両面がこんがりするまで焼いたら、一度、器に取り出す。

3－2のフライパンをキッチンタオルなどでふき、健康油大さじ1で、新玉ねぎを入れてさっと炒めたら、さばを戻し、しょうゆ、酢、酒を加えて最後に粗挽きこしょうをふって味を調える。

4－器に盛り、木の芽をのせる。

サクッと軽く揚げて
抹茶塩でどうぞ。
豆のグリーンが
春らしいですね。

春のかき揚げ

材料 4人分

グリーンピース（さやつき）…200 g
そら豆（さやつき）…10本
卵…1個
片栗粉…大さじ4
桜えび…10 g
ごま…大さじ1
健康油…適量
抹茶…小さじ1
塩…小さじ2

作り方

1－グリーンピースとそら豆はさやから出す。

2－ボウルに卵を割り入れて片栗粉を加え、溶いたら、グリーンピースとそら豆、桜えびとごまを入れて混ぜる。

3－フライパンに健康油を中火で熱し、2をスプーンですくって入れ、約2～3分揚げ、バットなどに取り、油をよくきる。抹茶と塩を混ぜ、抹茶塩を作る。

4－器に盛り、抹茶塩を添える。

お料理
ちょっとメモ❹

油の量は1㎝ぐらいで大丈夫です。なるべく小さいフライパンか鍋を使うと、油の量も少なくてすみますよ。

玉ねぎの甘みと豆板醤の辛みがほどよくマッチ。
今回はビーフンにのせましたが、
ごはんにかけてもおいしいですよ。

新玉ねぎのマリネ

材料 4人分

新玉ねぎ…中2個
酢…大さじ4
しょうゆ…大さじ4
水…1カップ
糸昆布…5g
健康油…大さじ½
ビーフン…2袋
豆板醤…適量
ごま油…適量
香菜…適量

作り方

1－新玉ねぎは薄切りにする。

2－鍋に酢、しょうゆ、水を入れてひと煮立ちさせ、冷ます。

3－2の鍋に新玉ねぎと糸昆布を入れて約1～5分漬け込む。

4－フライパンに健康油を中火で熱し、ビーフンを炒め、器に盛り、2をかけ、豆板醤をのせてごま油を回しかけて香菜を飾る。

生おかひじきとスプラウトのおかかじょうゆ

おかひじきも生でいただけるんです。びっくりでしょ。

材料　4人分

おかひじき…80 g
ブロッコリースプラウト…20 g
かつお節…5 g
しょうゆ…大さじ1
ゆずこしょう…小さじ1

作り方

1—おかひじきは硬い部分を取る。
2—ボウルにおかひじき、ブロッコリースプラウトを入れ、かつお節、しょうゆ、ゆずこしょうを加えて混ぜる。
3—器に盛り、好みで再度かつお節を散らしてもよい。

キャベツの塩漬け

キャベツの甘みをストレートに楽しめるシンプルな漬けものです。

材料　4人分

キャベツ…1個
水…½カップ
塩…大さじ4
酒…½カップ
黒こしょう…適量

作り方

1－キャベツは一口大にちぎる。
2－鍋に水を入れ、沸騰したら、火からおろして酒と塩を入れてよく混ぜ、漬け汁を作る。
3－ポリ袋にキャベツと2の漬け汁を入れて、よく混ぜ合わせ、ポリ袋の口を縛り、1～5時間冷蔵庫に入れる。黒こしょうをふっていただく。

夏のレシピ

夏の野菜は、春とうって変わって、
トマトやかぼちゃ、パプリカなど色の濃いもの、
きゅうりや冬瓜など水分が豊富に
含まれているものが多いんです。
これらの野菜と大葉やみょうがなどの香味野菜、
動物性たんぱく質を上手に組み合わせることで、
まんべんなく、栄養素も摂取できます。
食欲が減退する夏こそ、野菜をたっぷり使った料理で
体の芯から、疲れを取り除き、夏バテを予防してくださいね。

香味野菜がおいしさをよりアップ。色彩も美しい涼を呼ぶ夏らしい一品です。

夏野菜の彩り寄せ

材料　4人分

枝豆（さやつき）…100 g
トマト…中1個
大葉…4枚
みょうが…1個
玉ねぎ…中¼個
木綿豆腐…½丁
水…2カップ
粉寒天…4 g
塩…小さじ⅓
とんぶり…大さじ3
トマト＆バジルのドレッシング（市販品）…多め

作り方

1－枝豆はゆでる水の量の4％の塩（分量外）でもみ、熱湯で約4分ゆでてさやから出す。

2－トマトは一口大に切り、大葉は半分に切る。玉ねぎは薄切りにし、みょうがは小口切りにする。豆腐は17Pの要領で水をきり、一口大にちぎる。

3－鍋に水を入れ、弱火にかけ、粉寒天を入れながら混ぜ、よく溶かす。溶けたら、塩を入れてさらに混ぜて火からおろし、粗熱を取る。

4－バットを水にくぐらせ、1、2をすべて入れて寒天液を流し入れ、冷蔵庫で固まるまで冷やす。

5－固まったら、器に盛り、どんぶりをのせてドレッシングを回しかける。

野菜のおいしさで
淡白な豆腐が風味豊かになるんです。

きゅうりの煮浸し

材料　4人分

きゅうり…4本
しょうが…大2片
A｜だし汁…2カップ
　｜薄口しょうゆ…大さじ2
　｜塩…小さじ1
しらす干し…20 g

体の中から冷やしてくれる
暑い夏にぴったりの副菜。
お汁ごとどうぞ。
そうめんの具にもぴったり。

作り方

1 ― きゅうりは細切りにし、しょうがはせん切りにする。
2 ― 鍋にAを入れ、ひと煮立ちさせ、しらす干しときゅうりを加えてさっと煮る。
3 ― 器に汁ごと入れ、しょうがを加えてよく混ぜ、冷蔵庫で約30分冷やす。

夏野菜の蒸し煮冷製

材料　4人分

トマト…中½個
玉ねぎ…中½個
セロリ…¼本
パプリカ（赤・黄）…各1個
なす…1本
ズッキーニ…½本
にんにく…1片
オリーブオイル…大さじ2
唐辛子…1本
塩…小さじ½
こしょう…適量
木綿豆腐…2丁
黒こしょう…適量
タイム…適量

作り方

1 ― トマトはみじん切りにし、それ以外の野菜は1cm角に切り、なすとズッキーニは塩(分量外)をふり、10分おき、出てきたアクをキッチンタオルなどでふき取る。にんにくは軽くつぶす。
2 ― 鍋にオリーブオイルを中火で熱し、にんにくと唐辛子を入れて香りが出てきたら、なす、玉ねぎ、セロリ、ズッキーニ、パプリカの順に入れて炒める。
3 ― 塩、こしょうし、トマトとタイムをを加え、ふたをし、弱火で約5分蒸し煮にする。5分たったら、ふたをあけ、冷ます。豆腐は切らずに17Pの要領で水きりする。
4 ― 器に豆腐を盛り、その上に3の野菜をたっぷりのせて黒こしょうをふる。

かぼちゃのおいしさをそのまま活かしました。酸味のあるソースとよく合います。

焼きかぼちゃのカルパッチョ

材料 4人分

かぼちゃ…600 g
マヨネーズ…大さじ3
白ワイン…大さじ1
塩…適量
こしょう…適量
ごま……適量
イタリアンパセリ…適量

作り方

1 — かぼちゃは1cm幅に切り、フライパンに油をひかず、中火弱で両面こんがりするまで焼く。
2 — ボウルにマヨネーズと白ワインを入れてよく混ぜ、ソースを作る。
3 — 器にかぼちゃを並べ、塩、こしょうし、ごまをふり、ソースを回しかけ、イタリアンパセリの葉をちぎって散らす。

なすとしょうがの梅肉あえ

梅干しのクエン酸が疲れを緩和してくれます。
なすとの相性もいいですね。

材料　4人分

なす…8本

大葉…4枚

しょうが…1片

梅干し…大4個

作り方

1— なすは強火で焼き網で焼き、熱いうちに皮をむいて一口大に裂き、冷やす。大葉はせん切りにする。

2— ボウルにしょうがをすりおろし、梅干しを崩しながら（種は除く）入れて混ぜ、なすを加えてあえる。

3— 器に盛り、大葉をのせる。

なすとなすの漬けものと豚肉の炒めもの

漬けもののうまみ成分と塩分を上手に使った
簡単に作れる炒めものです。

材料　4人分

なす…4本

なすの漬けもの…200 g

豚ばら薄切り肉…200 g

健康油…大さじ2

酒…大さじ2

塩…適量

こしょう……適量

作り方

1— なすは1cm 幅に切り、塩（分量外）をふってしんなりさせ、水気をきる。

2— なすの漬けものは縦半分に裂く。豚肉は5cm 長さに切り、フライパンで焼いて余分な脂をしっかり出し、器に取り出す。

3— 2のフライパンを洗ったら、健康油を中火で熱し、なすを入れて表面に色がつくまで焼く。焼けたら、なすの漬けものと豚肉を加え、酒をふり、塩、こしょうで味を調える。

野菜がしっかり主張した
フライパンで作れるピラフです。
真夏の暑いときは、
元気が出る味つけで。

ピリ辛ピラフ

材料　4人分

とうもろこし…100 g
トマト…中1個
玉ねぎ…中1個
セロリ…50 g
パプリカ（赤・黄）…各1個
パセリ…適量
豚ひき肉…200 g
健康油…大さじ2
米…2合
水…2カップ
塩…小さじ2
こしょう…適量
七味唐辛子…適量

作り方

1 ― とうもろこしは芯からはずし、とうもろこしとパセリ以外の野菜はすべて1cm角に切る。パセリはみじん切りにする。ひき肉は熱湯で洗う。

2 ― フライパンに健康油を中火で熱し、ひき肉、とうもろこし、玉ねぎ、セロリを入れて炒め、米を入れてさらに炒める。

3 ― 水を加え、塩、こしょうしてひと煮立ちしたら、ふたをして弱火で15分火にかける。

4 ― 炊けたら、パプリカとトマトを散らして火を止め、10分蒸らす。

5 ― 器に盛り、パセリと七味唐辛子をふる。

ひんやりと
涼やかなおいしさで
体が喜ぶ酢のものです。

冬瓜の酢のもの

材料　4人分

冬瓜…600 g
カットわかめ（乾燥）…5 g
卵…1個
塩…少々

A
酢…大さじ4
砂糖…大さじ2
水…大さじ4
薄口しょうゆ…大さじ2

作り方

1 — 冬瓜は皮をむき、薄切りにし、小さじ½の塩（分量外）をふってもみ、水気をきる。わかめは水で戻し、しっかり絞る。

2 — ボウルに卵を割り入れ、塩を入れて溶く。フライパンで薄焼き卵を作り、1cm幅に切る。

3 — 鍋にAを入れてひと煮立ちさせて冷まし、冬瓜、わかめ、卵を入れてざっくり混ぜる。

香味野菜とパプリカたっぷりの
あじのたたき

材料 4人分

あじ…大2尾
セロリ…300 g
しょうが…大1片
みょうが…1個
パプリカ（赤）…30 g
みそ…小さじ1
レタス…適量
しょうゆ…適量

作り方

1－あじは3枚におろして包丁でたたく。レタス以外の野菜はすべてみじん切りにする。

2－ボウルにあじと1の野菜を入れ、みそを加えて混ぜ合わせ、食べる直前まで冷やしておく。

3－器にレタスを適当な大きさにちぎってのせ、2をラップに包んで球状にしたら、レタスの上にのせる。しょうゆをかけていただく。

あじと野菜のおいしい
コラボレーション。
ビールのおつまみにも最適。

ゴーヤーとかつおの さっぱりサラダ

ゴーヤーは
薄切りにしてゆで
苦味を解消。
夏バテを予防し、
元気が出る一皿。

材料　4人分

ゴーヤー…1本
オクラ…10本
さやいんげん…6本
しょうが…1片
みょうが…1本
かつおの刺身…1節
しょうゆ…適量
ごま油…適量
すだち…適量

作り方

1－ゴーヤーは縦半分に切り、種とワタを取って薄切りにし、軽く塩（分量外）をふって熱湯でさっとゆでて水に取り、水気をきる。オクラはヘタを取り、さやいんげんは筋を取って塩をふり、板ずりして熱湯でさっとゆでて水に取り、水気をきる。オクラは小口切りにし、さやいんげんは斜め薄切りにする。しょうがとみょうがはせん切りにし、水にさらして水気をきる。

2－フライパンにかつおを入れ、油をひかず、強火で表面の色が変わるまで焼き、1cm幅に切る。

3－ボウルに野菜とかつおを入れ、ざっくり混ぜる。

4－器に盛り、しょうゆとごま油を回しかけ、半分に切ったすだちを添える。

かぼちゃの甘みと色がアクセントになった
食べごたえのある変わり春巻きです。

野菜たっぷりの生春巻き

材料　4人分

サニーレタス…4枚
きゅうり…2本
にら…⅓束
大葉…10枚
かぼちゃ…400 g
塩…小さじ½
こしょう…適量
健康マヨネーズ…大さじ3
生春巻きの皮…8枚
スイートチリソース…大さじ2
酢…大さじ1

作り方

1－サニーレタスは一口大にちぎる。きゅうりは分量内の1½本を細切りにし、にらと大葉は半分に切る。

2－かぼちゃは一口大に切り、耐熱皿に入れてふんわりラップをし、レンジで5分加熱し、熱いうちにつぶして塩、こしょう、マヨネーズを加えて混ぜる。

3－生春巻きの皮を写真の要領で戻し、1、2の野菜をすべてのせて巻く。

4－ボウルに分量内の残りのきゅうりをすりおろし、スイートチリソースと酢を加え、混ぜてたれを作る。

5－器に春巻きを盛り、たれを添える。

お料理
ちょっとメモ⑤

キッチンタオルと生春巻きの皮を1枚ずつ霧吹きでシュッと濡らしてキッチンタオルで2～3分はさんでおけば戻ります。キッチンタオルを巻きすとして使うと、うまく巻けますよ。

にらのあえもの

材料 4人分

にら…1束
玉ねぎ…中1個
A
酢…大さじ1
砂糖…小さじ1
白ごま…小さじ1
薄口しょうゆ…大さじ1

作り方

1 ─ にらは熱湯を回しかけ、水に取り、水気を絞り、3～4cm長さに切る。玉ねぎは薄切りにする。

2 ─ ボウルにAを入れてよく混ぜ、にらと玉ねぎを加えてあえる。

疲れた体を元気にしてくれる
さわやかなさっぱり感が
口の中に広がります。

トマトの酸味と豆乳のコクが体にやさしい。
冷やしてもおいしくいただけます。

ヘルシーあったかトマト汁

材料　4人分
トマト…中1個
玉ねぎ…中⅔個
オリーブオイル…大さじ1
にんにく…小1片
豆乳…1.5カップ
塩…小さじ⅔
こしょう…少々

作り方
1—トマトは適当な大きさのざく切りにし、玉ねぎは薄切りにする。
2—フライパンにオリーブオイルを中火で熱し、にんにくを入れて香りが出るまで炒めたら、器に取り出す。玉ねぎとトマトを入れてふたをし、弱火で約10分蒸し煮にする。
3—ミキサーに入れてピュレし、豆乳を加えて塩、こしょうで味を調える。

ネバネバ同士の組み合わせが
アボガドを加えると上手にまとまりますよ。

オクラとめかぶと長いものトロトロあえ

材料　4人分
オクラ…10本
長いも…200 g
アボカド…1個
めかぶ…2パック
しょうゆ…適量
レモン…½個

作り方
1—オクラはヘタを取り、塩少々（分量外）をふり、板ずりして熱湯でさっとゆでて水に取り、水気をきって小口切りにする。長いもは細切りにし、アボカドは薄切りにする。
2—ボウルにめかぶを入れ、オクラと長いも、アボカドを加えてしょうゆを入れ、あえる。
3—器に盛り、レモンを添える。

秋のレシピ

秋はきのこやいも類、根菜などの野菜がおいしい季節ですね。
きのこは香りや食感も豊かですが、
うまみ成分であるグアニル酸が豊富に含まれているので、
少し加えるだけでも、風味豊かに仕上がります。
いも類や根菜は比較的クセが少ないので、
どんな素材と組み合わせても、おいしくできるんです。
滋養分豊富な秋の味覚で夏の疲れを解消し、
きっちりと体調を整えましょう。

長いもの
ホックリとした食感を
ちょっとぜいたくな
あんかけでどうぞ。

揚げ長いものえびあんかけ

材料 4人分

長いも…400 g
えび（ブラックタイガー）…4尾
ぎんなん（缶詰）…8粒
健康油…適量
塩…少々
A
- だし汁…2カップ
- 酒…大さじ2
- 薄口しょうゆ…大さじ2強
- みりん…大さじ2強

水溶き片栗粉…大さじ2
むらめ…適宜
ゆずこしょう…適量

作り方

1－長いもは直火で焼いてひげ根を取り、1.5cm幅の輪切りにする。えびは殻をむいて背ワタを取り、粗みじん切りにし、ぎんなんはみじん切りにする。

2－フライパンに健康油を中火で熱し、長いもを入れて竹串がスーッとささるまで揚げ、バットに取り、油をきって、軽く塩をふる。

3－鍋にAを入れ、ひと煮立ちさせてえびとぎんなんを加え、水溶き片栗粉でとろみをつける。

4－器に盛り、あればむらめを飾り、ゆずこしょうを添える。

秋の味覚が一碗で味わえるごちそう茶碗蒸し。
おもてなし料理にもおすすめ。

きのこの
大鉢茶碗蒸し

材料 4人分

えのきだけ…50 g
しめじ…40 g
まいたけ…50 g
ベビーホタテ（ボイル）…100 g
三つ葉…¼束
なめこ…1袋
卵…4個

A
- だし汁…2カップ
- 塩…小さじ⅔
- みりん…小さじ2

B
- だし汁…2カップ
- しょうゆ…大さじ1強
- みりん…大さじ1強

水溶き片栗粉…大さじ3

作り方

1—きのこは石づきを取り、えのきだけは2〜3cm長さに切る。しめじとまいたけは小房に分けて、1cm長さに切る。ホタテは4等分する。三つ葉は1cm長さに切る。なめこは水でさっと洗う。

2—ボウルに卵を割り入れ、Aを加えてよく混ぜる。

3—器にきのことホタテを入れ、2を流し入れて、ざっくりと混ぜる。

4—蒸し器を強火にかけ、3を入れ、写真のようにキッチンタオルをふんわりとかけてふたをする。沸騰したら、中火にし、約20分蒸す。

5—鍋にBを入れてひと煮立ちさせ、なめこと三つ葉を加えて水溶き片栗粉でとろみをつけ、3の茶碗蒸しにかける。

お料理
ちょっとメモ❻

蒸気の水滴が落ちるのを防ぐために蒸す前に器にキッチンタオルをふんわりとかけてから、ふたをしてくださいね。

たたきごぼうのナッツあえ

材料　4人分

アーモンド（スライス）…50 g

A
- しょうゆ…大さじ2
- 酢…大さじ2
- 砂糖…大さじ2

ごぼう…大1本

作り方

1—アーモンドはすり鉢に入れてすりこぎでつぶし、Aを加えてよく混ぜる。

2—ごぼうは泥を落とし、水洗いしてすりこぎでたたき、一口大に切り、水から入れて中火で4〜5分ゆでてざるにあげる。

3—ごぼうが熱いうちに1に入れ、ざっくりあえる。

甘辛いナッツのあえごろもに
無骨なごぼうがよく合います。

かぶは半日ぐらい乾燥させると、
甘みが出るんです。
しょうがじょうゆが、
さらにおいしさを引き立てます。

焼きかぶ

材料 4人分

かぶ…6個
しょうが…1片
ごま油…大さじ2
しょうゆ…適量

作り方

1一かぶは1cm幅の輪切りにし、ざるにのせ、室内で半日ぐらい乾燥させる。しょうがはすりおろす。

2一フライパンにごま油を中火で熱し、かぶを入れて両面こんがりするまで焼く。

3一器に盛り、しょうがを天盛りにする。しょうゆをかけていただく。

きのこのワイン炒め

秋の味覚を
さっと炒めた、
ごはんにも
おつまみにも合う
香り豊かな
炒めものです。

材料　4人分

しめじ…大1パック
エリンギ…2本
しいたけ…8枚
白ワイン…大さじ3
にんにく…1片
パセリ…適量
オリーブオイル…大さじ2
塩…適量
こしょう…適量
黒こしょう…適量

作り方

1ー きのこは石づきを取り、しめじは小房に分け、エリンギは縦に切り、しいたけは薄切りにして、白ワインをふりかけておく。にんにくとパセリはみじん切りにする。

2ー フライパンにオリーブオイルを中火で熱し、にんにくを入れて香りが出るまで炒め、きのこを加えて強火で炒め、塩、こしょうし、パセリを入れてさらに炒める。

3ー 器に盛り、黒こしょうをふる。

お料理
ちょっとメモ⑦

きのこはワインをふっておくと、炒めたときに縮みません。

せりはよく洗って根っこも使ってくださいね。
ふくよかな味がホッとします。

なすと牛肉の煮もの

材料 4人分

なす…5本
塩…小さじ1強
せり…1束
しょうが…1片
牛小間切れ肉…250 g
A しょうゆ…大さじ2
　みりん…大さじ2
　水…大さじ3

作り方

1－なすは1.5cm幅の輪切りにし、塩をふり約20分おき、軽く水気をふく。せりは5cm長さに切り、しょうがはせん切りにする。牛肉は大きい場合は一口大に切り、熱湯で洗う。

2－鍋になすと牛肉を入れ、Aを加えてひと煮立ちさせてふたをし、中火で約15分煮る。

3－しょうがとせりを加えて火を止める。

ベリー類を
ふんだんに使った
ぜいたくな
サラダです。
デザート感覚で
召し上がれ。

ベリーとバナナ、りんごの マスカルポーネチーズあえ

材料 4人分

いちご…1パック
りんご…1個
バナナ…2本
ブルーベリー…100 g
ラズベリー…100 g
レモン…½個
マスカルポーネチーズ…大さじ4
塩…適量
こしょう…適量
ミントの葉…適宜

作り方

1ー いちごはヘタを切り、縦半分に切る。バナナは1cm幅の輪切りにし、りんごは1.5cm角に切る。
2ー フルーツをすべて器に入れて、レモンを絞りかけ、チーズを加えて塩、こしょうし、ざっくり混ぜる。
3ー 器に盛り、あればミントの葉を飾る。お好みで黒こしょうをふってもいい。

こんがり里いもの
きのこ炒め

里いもを洋風にアレンジしました。秋の恵みたっぷりのうれしい一皿。

材料 4人分

里いも…大4個
しいたけ…4枚
生マッシュルーム…4個
しめじ…100 g
にんにく…1片
ベーコン…2枚
アンチョビ…2切れ
オリーブオイル…大さじ4
塩…適量
こしょう…適量
イタリアンパセリ…適量

作り方

1－里いもは包丁の背で皮をこそぎ落とし、水でさっと洗い、1cm幅の輪切りにする。

2－きのこは石づきを取り、しいたけとマッシュルームは半分に切り、しめじは小房に分ける。にんにくは薄切りにし、ベーコンは2cm幅に切り、アンチョビはみじん切りにする。

3－フライパンにオリーブオイルを中火で熱し、にんにくを入れて香りが出るまで炒め、器に取り出す。

4－2のフライパンを洗わずに里いもを入れて、中火弱で両面こんがりするまで焼き、きのこ、ベーコンを加え、炒めて色がついたら、アンチョビを加えて塩、こしょうで味を調える。

5－器に盛り、イタリアンパセリの葉をちぎって散らす。

ピリッとパンチの効いた煮ものです。
じゃがいものホクホク感が幸せを感じさせます。

じゃがいもの
韓国風煮もの

材料 4人分

じゃがいも（男爵）…中5個
水菜…¼束

A	水…1カップ
	コチジャン…大さじ1½
	しょうゆ…大さじ1½

ごま油…大さじ1
ごま…小さじ1

作り方

1 — じゃがいもは皮をむいて一口大に切り、しっかり水洗いする。水菜は4cm長さに切る。
2 — 鍋にじゃがいもとAを入れて軽く混ぜ、ふたをし、中火で約7分煮る。
3 — ごま油を回しかけて汁がなくなるまで煮きる。
4 — 器に盛り、ごまをふり、水菜を添える。

きのこたっぷりのドリア

材料　4人分
しいたけ…4枚
しめじ…100 g
ベーコン…2枚
玉ねぎ…中 ½ 個
にんにく…1片
パセリ…適量
オリーブオイル…大さじ 3
小麦粉…大さじ 3
豆乳…2.5 カップ
塩…小さじ 1 強
こしょう…適量
卵… 1 個
ごはん…300 g
粉チーズ…大さじ 4

作り方

1— きのこは石づきを取り、しいたけは一口大に切り、しめじは小房に分ける。ベーコンは1cm 幅の細切りにし、玉ねぎは薄切りにする。にんにくとパセリはみじん切りにする。

2— フライパンにオリーブオイルを中火で熱し、にんにく、きのこ、ベーコン、玉ねぎを加えて炒め、しんなりしたら、小麦粉を入れて炒める。

3— 小麦粉がなじんだら、豆乳を加えてゆっくりかき混ぜながら、ひと煮立ちさせ、塩、こしょうで味を調える。卵を割り入れてよく混ぜ、ごはんを加えてざっくり混ぜる。

4— グラタン皿に 3 を入れ、粉チーズをふり、オーブントースターで約 10 分焼く。最後にパセリを散らす。

エリンギの香りとザクッとした歯ごたえがおつまみにもちょうどいい副菜です。

エリンギのホイル蒸し焼き

材料　4人分
エリンギ…4本
酒…大さじ 4
万能ねぎ…適量
水…½ カップ
しょうゆ…適量
レモン…½ 個

作り方

1— エリンギは縦に裂き、アルミホイルを広げた中に並べ、酒をふり、アルミホイルを閉じる。万能ねぎは小口切りにする。

2— フライパンに水をはり、1 のアルミホイルを入れてふたをし、中火で約 5 分蒸し焼きにする。

3— アルミホイルを開け、万能ねぎを散らし、しょうゆを回しかけ、レモンを添える。

豆乳を使って健康的に、
卵を加えてコクを出します。
きのこの食感も楽しいドリアですね。

野菜のうまみが焼きさばの
おいしさをさらに引き立てます。

さばと秋野菜の和風ドレッシングがけ

材料　4人分

にんじん…2/3本
ごぼう…1/2本
玉ねぎ…中1/2個
しょうが…1片
さば…小2尾（3枚おろし）
塩…少々
レモン…1/2個
和風ドレッシング（市販品）…適量

作り方

1－野菜はすべてせん切りにし、さばは両面に軽く塩をふる。

2－ボウルにレモンの薄切りとドレッシングを入れ、野菜を加えて混ぜておく。

3－フライパンにクッキングシートを敷き、さばは皮を下にして入れ、中火で両面焼く。

4－さばを器に盛り、2をのせる。

野菜の甘みと鶏肉のうまみが上手にマッチした金沢の郷土料理です。

かぶと長ねぎと鶏肉の冶部煮

材料　4人分

かぶ…中8個
かぶの葉…4個分
長ねぎ…1本
鶏胸肉…1枚
酒…大さじ2
小麦粉…大さじ4
A
- 水…3カップ
- しょうゆ…大さじ4
- みりん…大さじ4

水溶き片栗粉…適量

作り方

1－かぶは皮をむき、半分に切り、下ゆでをしてざるにあげる。葉はさっとゆでて、水気を絞ってざく切りにする。長ねぎは4cm長さに切る。

2－鶏肉は一口大のそぎ切りにして酒をふり、よくもみ込んで小麦粉をまぶす。

3－鍋にAと鶏肉、かぶ、長ねぎを入れて落としぶたをし、中火で約5～6分煮てかぶの葉を加え、水溶き片栗粉でとろみをつける。

なすのもみ漬け

「ちょっともう一品」というときにもささっと作れる簡単、おいしい漬けものです。

材料　4人分

なす…4本
塩…小さじ2
和がらし…適量

作り方

1－なすは一口大に切り、ボウルに入れて塩をふってよくもむ。

2－水分を絞り、からしを加えてよく混ぜる。

冬のレシピ

大根、白菜、ほうれん草、長ねぎなど
冬の野菜は甘くてうまみ成分がたっぷりなんです。
寒さで凍ってしまわないように野菜自身が
水分を少なくして糖分を増やしているからなんですね。
言ってみれば、野菜の自己防衛本能が甘さの秘密。
ゆでるよりも、蒸したり、煮たり、お鍋などでいただくと、
その甘さとおいしさがよりいっそうわかります。
お汁ごとなら、野菜の栄養素もまるまる摂れ、
カゼに負けない元気な体が作れますね。

うまみ成分の多い
野菜を使った
新感覚の健康鍋です。
ポン酢たっぷりでどうぞ。

野菜たっぷり鍋

材料　４人分

トマト…中２個
玉ねぎ…中２個
白菜…500 g
キャベツ…400 g
パプリカ（赤・黄）…各１個
長ねぎ…１本
さけ…４切れ
水…適量
ポン酢（市販品）…適量

作り方

1－トマトはくし形に切り、玉ねぎは1cm 幅の半月切りにする。白菜とキャベツは食べやすい大きさのざく切りにし、パプリカは 1.5cm 幅の細切りにする。長ねぎは1cm 幅の斜め切りにする。さけは一口大に切り、熱湯でさっと洗う。

2－鍋に水を入れ、中火にかけ、白菜の芯、玉ねぎ、さけ、パプリカ、キャベツ、白菜の葉、トマト、長ねぎの順に入れ、具材に火が通るまで煮る。

3－器に取り、ポン酢でいただく。

ブロッコリーたっぷりのかぼちゃコロッケ

材料 4人分

ブロッコリー…200 g
かぼちゃ…300 g
にんじん…1本
塩…小さじ½強
こしょう…適量
小麦粉…大さじ2〜3ぐらい
溶き卵…1個ぐらい
パン粉…1カップぐらい
健康油…適量
とんかつソース…適量
かつお節…適量
青のり…適量

作り方

1―ブロッコリーは、細かく刻む。かぼちゃは一口大に切り、耐熱皿に入れ、ふんわりラップし、電子レンジで約10分強加熱する。にんじんは1cm幅の輪切りにする。
2―ボウルにかぼちゃを入れて熱いうちにつぶし、塩、こしょうし、ブロッコリーを加えてよく混ぜる。
3―2を球状にし、小麦粉、卵、パン粉の順につける。にんじんにも同様につける。
4―フライパンに健康油を中火で熱し、にんじん、球状にしたものを入れ、約3〜4分揚げ、バットなどにあげ、油をよくきる。
5―器にとんかつソース、かつお節、青のりを敷き、コロッケを盛る。

大根の甘みとごま、かつお節が風味豊かな簡単あえもの。

冬大根のごまあえ

材料 4人分

大根…800 g
塩…小さじ1強
A ごま…大さじ2
A かつお節…5 g
A 砂糖…小さじ1
塩…少々

作り方

1―大根は1cm幅の短冊切りにし、塩小さじ1強をふってしんなりしたら、絞る。
2―ボウルにAを入れてよく混ぜ合わせ、大根を加えてざっくりあえて塩で味を調える。

緑黄色野菜を使った元気が出る揚げ物です。
かつお節と青のりのうまみで味を引き締めます。

お料理
ちょっとメモ❽

パン粉は細かいほうがきれいに揚がります。ざるに入れ、こすようにすると細かいパン粉になりますよ。

カリフラワーのノンオイルカレー

材料　4人分

鶏もも肉…1枚
プレーンヨーグルト…大さじ4
にんじん…1本
玉ねぎ…中1個
カリフラワー…250 g
かぼちゃ…350 g
カレー粉…大さじ3
トマトケチャップ…大さじ2
水…4カップ
塩…大さじ⅔
ごはん…適量

作り方

1 — 鶏肉は乱切りにし、ボウルに入れてヨーグルトを加え、2時間ぐらいおく。にんじん、玉ねぎは乱切りにし、カリフラワーは小房に分ける。かぼちゃは一口大に切り、耐熱皿に少量水(分量外)を入れ、ふんわりラップして電子レンジで約5～6分加熱し、熱いうちに皮をむき、つぶす。皮は細かく刻んでとっておく。

2 — 鍋に大さじ1の水（分量外）を入れ、にんじん、玉ねぎ、カリフラワーを加えて弱火で5分蒸し煮にする。

3 — カレー粉、トマトケチャップを加えてよく混ぜて炒め、水を入れてひと煮立ちしたら、鶏肉、かぼちゃを加え約10分煮て塩で調味する。

4 — ごはんとかぼちゃの皮を混ぜて盛り、カレーを添える。

お料理
ちょっとメモ❾

にんじん、玉ねぎ、カリフラワーは大さじ1杯ぐらいの水であらかじめ蒸し煮にすると、うまみや甘みが十分に引き出せます。また、長時間煮込まなくてもよくなります。

お料理
ちょっとメモ❿

鶏肉は切ったら、ヨーグルトをまぶして2時間ぐらいおきます。臭みも取れますし、やわらかくなるんです。

カレールウを使わず、
かぼちゃで
とろみをつけた
ヘルシーな
カレーです。

水菜のさっと煮

材料　4人分

水菜…300 g
玉ねぎ…中 ½ 個
しょうが…1片
厚揚げ…小2枚
水…2カップ
しょうゆ…大さじ2強
カットわかめ（乾燥）…5 g

作り方

1－水菜は4～5cm 長さに切り、玉ねぎは薄切りにする。しょうがはせん切りにする。

2－厚揚げはざるに入れ、熱湯を回しかけ、油抜きをし、薄切りにする。

3－鍋に水としょうゆ、厚揚げ、玉ねぎを入れ、強火でひと煮立ちさせ、わかめと水菜を加える。

4－器に盛り、しょうがをのせる。


わかめを入れて、うまみをアップ。

ふくよかな味に仕上がります。

野菜はふたをして蒸し煮にしてください。
体と心がほっこり温まるスープです。

具だくさんのあったかスープ

材料 4人分

キャベツ…800 g
にんじん…⅓本
玉ねぎ…中1個
長ねぎ…10cm 長さ
ベーコン…2枚
水…4カップ
塩…小さじ2強
黒こしょう…少々

作り方

1ー素材はすべて1cm 角に切る。
2ー鍋に入れ、ふたをし、弱火で約20～30分蒸し煮にする。
3ー野菜の嵩《かさ》が減ったら、水を加えてひと煮立ちさせ、塩、こしょうで味を調える。

ボリューム感とれんこんの
シャキシャキ感が味わい深い、
腹もちのよさも魅力。

れんこんの
詰め込み焼き

材料　4人分

れんこん…16cm 長さ
小麦粉…適量
玉ねぎ…½個
長ねぎ…8cm 長さ
牛ひき肉…150 g
健康油…大さじ2～3
ねぎ塩ドレッシング
（市販品）…適量

作り方

1－れんこんは皮をむき、しっかり水洗いし、玉ねぎと長ねぎは細かいみじん切りにする。

2－ボウルにひき肉と玉ねぎ、長ねぎを入れ、粘りが出るまでよく練る。

3－れんこんに2を詰めて、1cm 幅に切り、小麦粉を薄くつける。

4－フライパンに健康油を中火で熱し、れんこんを入れて片面2～3分ずつ焼く。

5－れんこんを器に盛り、ドレッシングをかける。

みそを入れるとまろやかな味になります。箸休めにもぴったり。

白菜キムチのみそあえ

材料 4人分

白菜…800 g
塩…小さじ1強
みそ…大さじ2
白菜キムチ…60 g
ごま…小さじ1

作り方

1－白菜は1cm幅に切り、塩をふってしんなりさせ、絞る。

2－ボウルにみそとキムチを入れよく混ぜ合わせたら、白菜とごまを加えてざっくりあえる。


7～8分で作れる忙しいときのお助けの一品です。白菜のうまみがあるので調味料は塩だけでOK。

白菜と小松菜と豚肉の蒸し煮

材料 4人分

白菜…800 g
小松菜…200 g
豚ばら薄切り肉…200 g
しょうが…大1片
水…大さじ5
塩…小さじ1

作り方

1－白菜は食べやすい大きさのざく切りにし、小松菜は4～5cm長さに切る。豚肉は半分に切り、熱湯でさっと洗う。しょうがはせん切りにする。

2－鍋に水と白菜、豚肉を入れてふたをし、中火で約5分蒸し煮にしたら、白菜から出る水分の様子を見ながら、全体に火を通す。

3－しょうがと小松菜を加えて塩で味を調える。

冬野菜の栄養と
うまみが詰まっています。
アツアツのうちに
召し上がれ。

冬野菜の袋煮

材料　4人分

れんこん…250 g
にんじん…½本
玉ねぎ…中1個
干ししいたけ…4枚
油揚げ…6枚
ゆずの皮…適量
鶏ひき肉…200 g
A｜干ししいたけの戻し汁…3カップ
　｜しょうゆ…大さじ3強
　｜みりん…大さじ3強

作り方

1－れんこんはよく水洗いし、ボウルに皮ごとすりおろす。にんじんはみじん切り、玉ねぎはくし形に切る。干ししいたけは3カップの水で戻し、粗みじん切りにする。戻し汁はとっておく。油揚げは半分に切り、ざるに入れて熱湯をかけ、油抜きをする。ゆずの皮はせん切りにする。

2－1のボウルに玉ねぎとゆずの皮以外の野菜とひき肉を入れてよく練り、たねを作る。

3－たねを油揚げに詰め、油揚げの切り口を楊子でとめる。

4－鍋にAを入れて混ぜ、強火にかけ、3と玉ねぎを入れて落としぶたをし、沸騰したら、中火で約12～13分煮る。

5－器に盛り、ゆずの皮をのせる。

れんこんの
ゴロゴロ感が
楽しめるおかず。
チャッチャと手早く
できるんです。

ぶつ切りれんこんの炒めもの

材料　4人分

れんこん…400 g
唐辛子…１本
ごま油…大さじ１
A しょうゆ…大さじ２
A 酒…大さじ２
A 砂糖…大さじ１

作り方

1―れんこんはピーラーで皮をむき、流水でこすり洗いし、一口大の乱切りにする。唐辛子は小口切りにする。
2―フライパンにごま油を中火で熱し、れんこんと唐辛子を入れて炒め、Aを加え、さらに炒める。

しじみのうまみ成分、
コハク酸がおいしさの秘密。
お汁ごとじっくり味わってくださいね。

大根としじみの煮もの

材料　4人分

大根…½ 本
大根の葉…適量
しじみ…150 g
水…４カップ
しょうゆ…大さじ３

作り方

1―大根は1.5cm幅の輪切りにし、オーブントースターで片面約５分ずつ焼く。大根の葉は小口切りにし、塩（分量外）でもみ、水気を絞る。しじみはしっかりと水洗いする。
2―鍋に水を入れ、しじみと大根を加えて中火にかけ、ひと煮立ちしたら、しじみを器に取り出した後、約15分煮てしょうゆで味を調え、しじみを戻して大根の葉を加える。

紫キャベツのマリネ

材料　4人分

紫キャベツ…300 g
りんご…½個
水菜…30 g
トマト＆バジルドレッシング
（市販品）…大さじ6

作り方

1－紫キャベツはせん切りにし、熱湯でさっとゆでてざるにあげ、水気をきる。りんごはせん切りにする。水菜は4cm 長さに切る。
2－ボウルにドレッシングを入れ、紫キャベツとりんご、水菜を加えて、約1分漬け込む。

りんごを入れると甘さと酸味のバランスがグッとよくなりますよ。

ブロッコリーとカリフラワーのこんがりアンチョビ焼き

材料　4人分

ブロッコリー…1株
カリフラワー…1株
アンチョビ…2切れ
オリーブオイル…大さじ3
塩…適量
こしょう…適量

作り方

1－ブロッコリーとカリフラワーは小房に分け、ブロッコリーの茎は皮をむき、1cm 幅の輪切りにし、カリフラワーのガクは適当な大きさに切る。アンチョビはみじん切りにする。
2－フライパンにオリーブオイルを中火で熱し、野菜を入れ、こんがりするまで焼き、アンチョビを加え、さっと炒めて塩、こしょうで味を調える。

ブロッコリーとカリフラワーはじっくり焼いて甘みを出します。

暮らしのコツ

幸せは、自分の気持ちひとつで
変わりますよね。
そんななかでも変わらずに幸せなことは、
家族が元気で健康なことだと思うんです。
そしてそれを守るには、
ちょっとしたコツやルールがある。
それをきちんとやることが
大切だと思います。

花と緑、家庭菜園の楽しみ方

●ガーデニング

ガーデニングは、庭がないとできないと思われがちですが、決してそんなことはないんですよ。私は20年近くマンションに住んでいたので庭がなかったんですが、ハーブやベリー類などをプランターに植えてベランダで楽しんでいました。近頃はベランダをうまく利用している方も多いですよね。

ハーブやベリー類は、もともと野生のものだから、ほかの花などに比べてもそれほど手がかからないんです。ちょっと水やりを忘れても、元気。そのたくましさも好きです。初心者や忙しい人はハーブなどから始めてみるといいと思います。うまくいけば、楽しくなり、「じゃ、次はこれに挑戦してみよう」という気持ちになって、そこからさらに広がっていきますよね。これもガーデニングの醍醐味のひとつでもあると思うんですよ。

今は庭があるので、ハーブやベリー類はもちろんのこと、ミニ菜園でしし唐やねぎを作ったり、季節の花を植えて楽しんでいます。トマトやなす、すいかなどにも挑戦したことがあったんですが、苦労のわりには実りが少なくって、ちょっと残念な思いをしました。

それでも負けずに、かぶやじゃがいもにトライしてみたら、うれしいことに夏にはかなり収穫できたんです。じゃがいもは早速皮つきのまま蒸して、夫とふたりでいただきました。いつも以上にホクホクに感じられたのは、やはり自

水やりは夫の日課です。

土いじりは、季節を肌で感じられ、無心になるので心の洗濯になります。

分たちで手塩にかけて、育て、収穫したからかもしれませんね。

秋には、リーフレタス、春菊、チンゲン菜などの葉ものを植え、冬に収穫し、すべてわが家の食卓に並びました。

ハーブは料理に使うことも多いので、植えておくと、自然と庭と行き来する機会が増えます。また、小さな鉢に植えると、陽の当たる場所にさっと移動できるからおすすめですよ。「家の中に少し緑がほしいな」なんて思ったときにも、鉢のまま持って来て、どこかにポンと飾っておけば、それだけで家の中が明るくなりますから。緑があると、すごくなごみますよね。別に100円の鉢植えだっていいと思うんです。値段じゃありませんもの。自分がムリなく楽しめることが大切だと思います。私も夫とホームセンターに行って、安いものを買って来て庭に植え換えます。

夫が勉強しながら、私の好きな山リンドウや山菊などをはじめ、いろんなものを植えてくれるんです。時間があるときは私も手伝います。土をいじっていると、無心になれるし、自分のなかに溜まった〝おり〟のようなものが、スーッと取れて童心に返れるようでいいんですよね。それに自然と夫婦の話題も増えますから、みなさんもぜひご夫婦で楽しんでみてくださいね。

自己流ですが、庭で十分楽しませてくれた花たちを枯れる少し前に切り取って、数日乾燥させてドライフラワーにします。わが家のドライフラワーのほとんどが夫の作品で、10年以上前のものもあるんですよ。

庭で楽しんだ後は、こうしてドライフラワーにします。ほとんどのドライフラワーは夫の力作です。

毎日使うお鍋や器はシンプルに

● 鍋や食器の選び方

お鍋や食器って、気がついたらデザインも色もバラバラだった、なんてこと多いですよね。私もある日、キッチンをじっくり見てみたら、まったく統一感がなくなっていたんです。揃えて買ったつもりだったのに、がっかりしました。買い足しているうちにこうなっちゃったんですね。

ですから家を建てるときに、「この際だから全部統一しよう！」と思って、思い切って買い換えました。長年使っていたのでもう寿命、ということもありましたので新しくしたんです。

お鍋はイタリアの「ラゴスティーナ」というメーカーのものがお気に入りです。色も形もシンプルで、重くないからとっても使いやすいんですよ。野菜やパスタをゆでたり、煮ものを作ったりとフル回転。

お鍋の1万円って、ちょっと高いかなって思いますよね。でもお鍋は毎日使うものですし、10年ぐらいはもちますから、いいものを買ったほうがいいと思います。大きいサイズと小さいのと、どちらにしようか迷った場合、私はまず、小さいものから買うんです。そして、使いやすかったら、大きいのも買う。小さい鍋から買ったほうが、もし失敗しても、どこかで使うチャンスが出てきますから。大きいのを買って失敗すると、棚の肥やしになることがほとんどです。大きいものは重くて、取り扱いにくく、

「使いやすい」「洗いやすい」「収納しやすい」お鍋も器もこの3つがポイント。

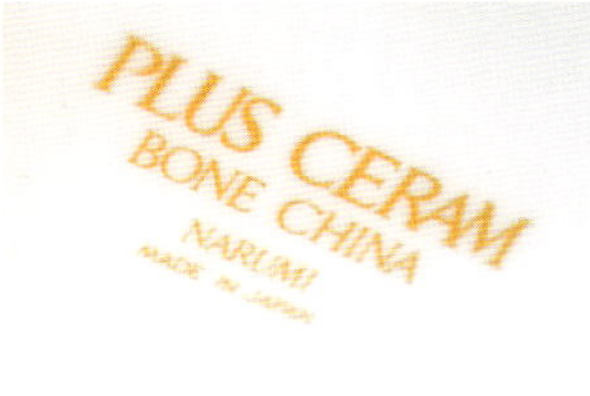

「ボーンチャイナ」はお気に入りの食器のひとつです。シンプルで美しい乳白色も料理を引き立ててくれますね。繊細ですが、強度にすぐれ、日常使う食器としても、とっても使いやすいんです。

洗うことを考えるとちょっと……。

キッチンは食材や調味料など、いろんな色や形であふれていますよね。ですから、色や形が様々だと疲れてしまうので、私の場合、鍋や食器はできるだけデザインも色もシンプルなものにしています。ひとつひとつは色、形が素敵でも、収納したときや、毎日使うことを考えると、シンプルなものがいちばんだと思いますよ。アクセントにひとつぐらいはいいかもしれませんが、全部がそうだとちょっと疲れます。

鍋やボウルはステンレスとガラスのものに統一しているんですが、すっきりしていてキッチンが引き締まります。使いやすく、洗うのもラク。

食器は日本のものだったら、「有田焼」や「九谷焼」。ヨーロッパのものだったら、「ジノリ」や「マイセン」「リモージュ」などの磁器が好きですね。高温で焼いているので丈夫です。ちょっと乱暴に扱ってもすぐに割れたりしませんから、毎日使う食器には本当にいいですよね。それに品があって、飽きがこないのも魅力です。

私が鍋や食器を選ぶポイントは、①使いやすい　②洗いやすい　③収納しやすい、この3つです。どんなに素敵なものでも、洗いにくかったり、収納しにくいものは、それだけでストレスになり、買っても結局は使わなくなってしまいますから、もったいないんです。ご自分のお気に入りにたどり着くまでは、いろいろと迷って失敗もあると思います。私もそうでした。でも、時間をかけて、「これ！」というものを見つけたので、今はすごく満足していますね。

お鍋はステンレス、ボウルもステンレスとガラスで統一しています。使い勝手のよさはもちろんですが、洗いやすく、収納しやすいんです。キッチンもすっきり！

お鍋磨きは孤独だけど大切な作業

●鍋の手入れ

お鍋の手入れは、つらいことやイヤなことなどがあって、精神的にシンドイときや、意識的に孤独になりたいときに夜中にひとりでやるんです。音楽もなんにもかけないで、ただ無心にお鍋だけをひたすら磨いていく。ひとつ磨いたら、また次を磨きます。お鍋がきれいになっていくと、それに比例して、不思議にイヤなことも忘れて「頑張ろう！」と前向きな気持ちになれるんですね。自分をきちんと内省できる大切な時間になっているんです。

掃除だと、掃除機を出したり、つい大がかりになってしまいますが、お鍋磨きはこぢんまりとすぐにできるのもいいです。ときにはお風呂よりも、鍋磨き

私の鍋磨きのアイテムです。電解アルカリ水100％の「超電水」という水は冷蔵庫の掃除にも使っています。

お鍋磨きは
自分の内面と向き合う時間。
イヤなことも忘れられます。

のほうがリフレッシュできる、なんてこともあるんですよ。鍋磨きは夫がいるときにはしません。ですから、私がこんなふうに鍋を磨いているのを夫は知らないと思います。

鍋磨きのアイテムは、電解アルカリ水とステンレスクリーナー（ツヤ出し）、研磨剤。電解アルカリ水とステンレスクリーナーが基本で、研磨剤は汚れが相当ひどい場合に使いますね。コーヒーの茶渋や、鍋底の焦げなど、ちょっと頑固な汚れは、電解アルカリ水を耐熱皿に入れて、電子レンジで温めたもので拭くと、簡単に落ちるんです。通販で買えるので、1本持っていると便利だと思いますよ。冷蔵庫の中もこれで掃除すると、きれいになります。

お鍋を磨くと、自分の心も研ぎ澄まされ、きれいになっていくような気がするんです。

おいしいものに目がありません

●私のおすすめ

おいしかったものはラベルなどをノートに貼っておきます。

仕事柄、いろんな方から、珍しいもの、おいしいものをいただきますが、そのなかでも特においしかったものは、店名や電話番号がわかるラベルや包装紙をノートに貼っておくんです。こうしておけば、「また、食べたいな」と思ったときや、人に差し上げる場合も便利ですし、自分が食べたことがあるので安心ですよね。差し上げた方から、「おいしかった」と言われると、やっぱりうれしいし、おいしいものはみんなで共有したいですもの。

一部ですが、ブログで紹介していますので、みなさんも一度、私のブログにアクセスしてみてくださいね。

夫も私もチーズとワインが好きで、1日の終わりには、これで乾杯します。この時間は私たち夫婦にとって、食事の時間同様、とても大切な時間です。

ワインはもっぱら赤です。赤はポリフェノールが含まれているので、動脈硬化の予防にもなりますし、常温で置いておけるので余っても翌日もおいしく飲めますから。

チーズはソフトなものから、ハードチーズまでなんでも好きですね。フランスパンやクラッカーにのせたり、干しぶどうやドライいちじくなどと一緒にいただくと、すごくおいしい！　おすすめです。フランスパンは、いつでも食べられるように冷凍してあるんです。ちょっと小腹がすいたときにも便利ですよ。チーズも、おいしかったものはラベルやパッケージをノートに貼っておきます。

←ワインの栓は全部、夫が買ってきてくれたものです。きれいで私も気に入っています。こういうキッチン用品ってかわいいものが多いですよね。

↓お気に入りのチーズです。りんごやドライフルーツもチーズやワインとよく合うんですよ。

↑おいしかったもののラベルやパッケージをこうしてノートに貼っておくと、後々役立ちます。

→いちばん上のカッティングボードは、私の料理の師匠である岡松喜与子先生のお嬢さんからいただいたもの。もう20年以上愛用しています。

心身ともに癒される曲

●お気に入りの音楽

忙しいせいもあって、15年ぐらいゆっくりと音楽を聴く時間がなかったんです。もちろん、本を読む時間や映画を観に行く時間もありませんでした。でも、それではいけないと思って、数年前から音楽は聴くようになったんです。きっかけは、夫が車の中でかけていたモーツァルトでした。

事務所からわが家までは、車でそんなに時間がかからないんですが、家に着いても、曲が終わるまで夫と会話もせず、駐車場に車を止めたまま、コンサートに行ったように聴き入っていたんですよ。

この時期、私は更年期の前兆で、心身の調子が悪かったんですが、この曲を聴いたときに心も体も癒され、心底リラックスできたんです。それ以来モーツァルトにハマって、車の中ではもちろんのこと、掃除しているときもモーツァルトをかけています。また、彼の人生を知りたくなって、本も読みましたし、彼の生涯を描いた舞台『アマデウス』も観に行きました。つらかった更年期も、モーツァルトの音楽のおかげで、乗り越えられたんですね。モーツァルトをかけてくれていた夫には本当に感謝しています。

モーツァルト以外でしたら、実は美空ひばりさんや谷村新司さん、小田和正さんの音楽が好きなんですよ。心にじっくりと染み渡ってきますね。音楽は聴きませんが、永ちゃんも好き。チャーミングですよね。

夫が車の中でかけてくれたCDがきっかけでモーツァルトを聴くようになりました。

掃除や自宅で料理するときにも、モーツァルトを聴きながらやります。彼の音楽は、私をリラックスさせてくれるんですね。夫もファンです。

季節や行事に合った小物を飾って楽しみます。ちょっとした工夫をするだけで、生活って潤いますよね。なんでも自分流でいいんですから。

● 季節の行事

ささいなことを楽しむ習慣を

年齢を重ねて、季節を感じる行事を大切にするようになりました。

わが家は、夫とふたりで季節の行事を楽しみます。お花見の季節には、たけのこごはんやワラビなど旬のものを使った料理をたくさん作って、それをお重に詰めて、夫の会社に持たせたりしますし、秋のお彼岸には、おはぎを作り、ハロウィンではかぼちゃ料理を作ります。

夫と私の誕生日は1月で、12日しか違わないんです。私の誕生日のほうが早いんですが、料理を作ってお祝いします。もちろん夫の誕生日のときもお祝い料理を作りますよ。そしてクリスマスにはツリーを飾って、少し気取った料理を作り、ワインで乾杯！　とささやかですが楽しみます。

クリスマスだけじゃなく、その季節の行事に合った小物を出して飾りますが、心に潤いが出てくるんですよね。そうした小物は夫が買って来てくれるんです。

若いうちは楽しいことがいっぱいあって、季節の行事は、正直なところ、ほとんど意識しませんでした。でも、ここ数年は、「おいしいお茶が飲めて幸せ」とか「なんにもないことが平和でいいな」とか、月並みですが、お金では買えないこうしたことが楽しいと感じるようになったんですね。歳を重ねて、季節の移り変わりや行事をとても大切にするようになりました。

毎日の生活のなかで、そうそう〝サプライズ〟なんてありませんから、ささいなことに幸せを感じられることが、人生を豊かにしてくれると思います。

手作りの楽しさ 買い置きの便利さ

●プレゼント

手作りのプレゼントは、より心が込められると思うんです。差し上げる方のことをあれこれと思いながら作って、「包装紙はこれにしよう」「リボンはあれにしよう」と考える時間ってすごく楽しいものです。あっという間に時間がたっちゃいます。

いただいたプレゼントのリボンや箱は捨てずに取っておくんです。こういうのを集めるのも大好きなんですよ。包装紙は素敵なものに出会ったときに買っておきます。

季節の実りを閉じ込めたくて、毎年庭で穫れたベリー類を使ってジャムを作るんです。それを夫の会社の方や遊びに来た方に差し上げるんですが、手作りですと、甘すぎず、果実の食感も違うので、みなさん、とっても喜んでくださるの。パンにつけたり、チーズにのっけたり、紅茶に入れたりと、いろいろとやってくださるみたいで、差し上げた後で「こんなふうに食べた」など話題が広がるのもうれしいですね。

ジャムのほかには、新居祝いや引越し祝いなどに寄せ植えを贈るんです。これもとても喜ばれます。季節の鉢植えを何種類か買ってきて、夫が寄せ植えを

わが家はふたりでお店に行って、「これもいい」「あれも素敵」なんて言いながら、好きな鉢植えをいくつか買って来ます。その後、夫が寄せ植えにしてくれるんです。引越し祝いのプレゼントにも喜ばれると思いますよ。

手作りのジャムはパンやチーズにのせたり、紅茶に入れたりと、いろんな楽しみ方をします。

作ってくれるんです。切花よりも長もちしますし、オリジナルなので思い出していただけるかな、と思って贈ります。

手作りのものではないんですが、お鍋やフライパンなど、なんでも自分が使いやすかったものは、ふたつ以上は買い置きしておくんです。夫から「明日、〇〇さんにプレゼントしたいんだけど」などということがあっても、この買い置きが役立ちますし、急なお客様に差し上げるときにも重宝します。慌てずにすみますよね。

差し上げる相手のことを考えながら、作ったり、ラッピングするのがとっても楽しい。

右下から時計回りにバナナ、ブラックベリー、ローズヒップのジャムです。

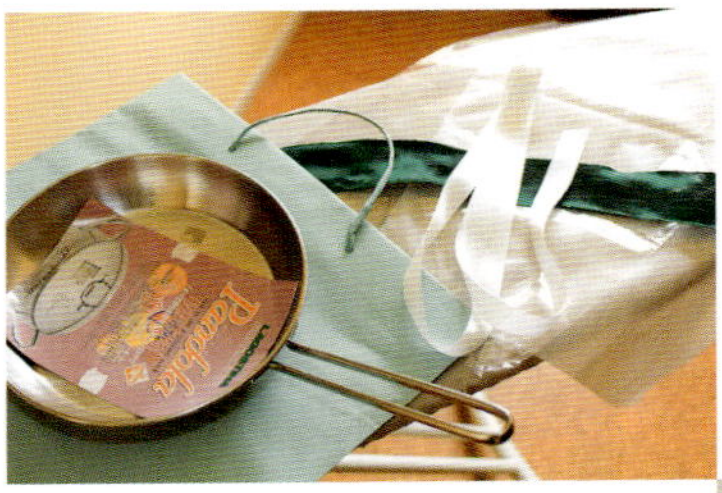

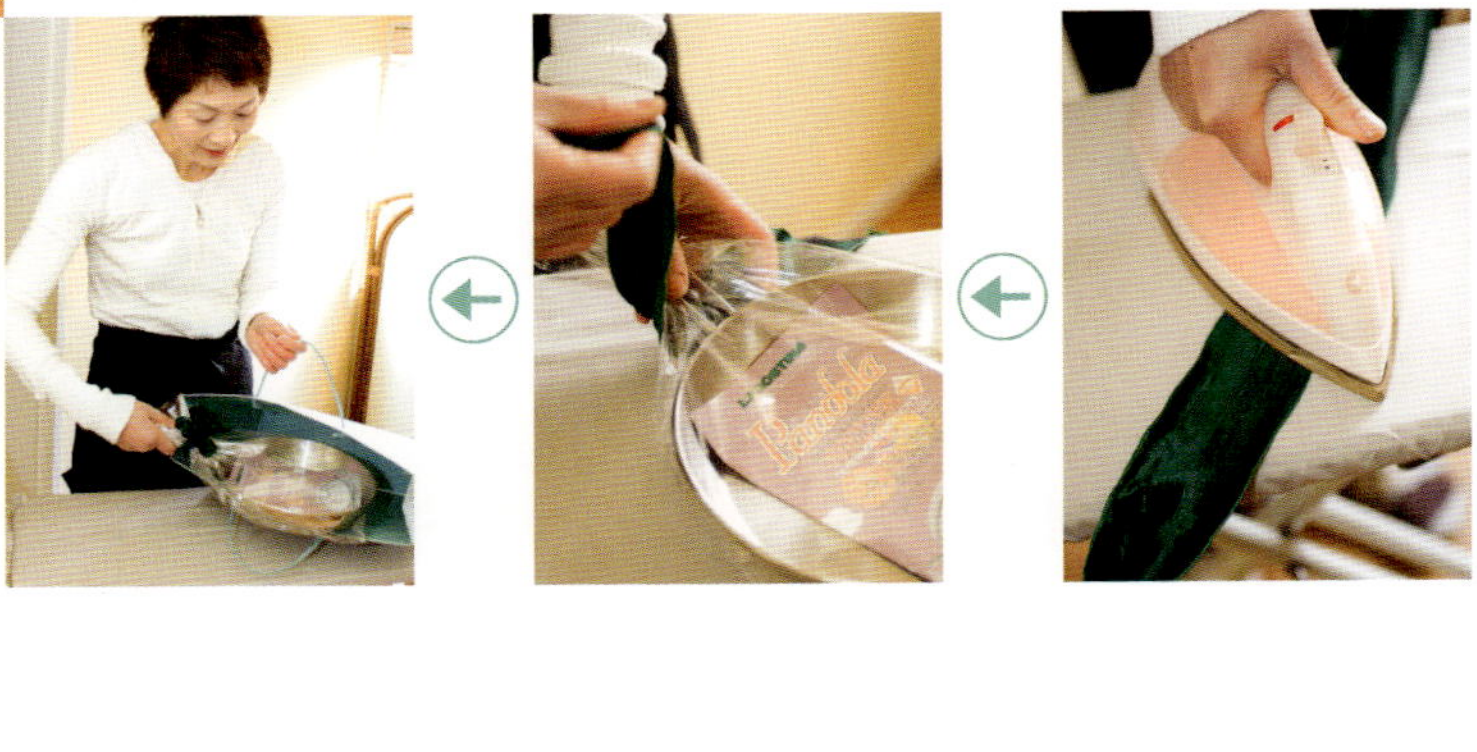

プレゼントをラッピングするときは、まず必要なアイテムを用意します。そして、リボンにアイロンをかけます。包装紙で包むか、もしくは袋に入れてリボンをかけて、最後に紙の手提げ袋に入れて完成です。結婚祝いなどにはカードを添えますが、気軽なプレゼントには、カードは少し“重く”なるので控えます。

アイロンがけはまとめて週末に

●洋服の手入れ

アイロンをかけるのも大好きなので、幸せな時間ですね。週末にまとめて、夫のワイシャツやハンカチにアイロンをかけるんですが、ワイシャツは完全に乾く前に取り込んでかけるのがコツ。こうするとシワにならずにきれいにかけられますよ。夫のシャツをアイロンがけしているときは、夫のことを思って、アイロンがけしています。その気持ちはずっと変わりません。かけ終わったら、ラックに吊るしておくと、後は夫が自分でしまいます。

わが家のクローゼットは扉がなく、コートやスーツなどといったジャンル別に分けているので、すぐに取り出せるようになっているんです。ただ、埃よけの布を必ずかぶせておきます。

夫はどんなに遅く帰宅しても、翌日に着て行くワイシャツ、ネクタイ、スーツ、ベルトをすべて用意してから寝るんです。それにお財布や手帳などは、夫が自分で名づけた〝忘れな盆〟にまとめて置いています。帰宅したら、スーツからそこへ入れ、翌日はそこからスーツへ、となるわけです。

夫は、「こうしておけば忘れ物はない！」と言うんですが、時々、その忘れな盆のすぐ横に携帯電話が置かれていて、普通なら気がつくと思うんですが、夫は気がつかずに出かけてしまうんですね。それを見たときは、「またやってる」と、ひとりで笑っています。

前日に着たスーツは、別のラックにかけて部屋干しし、コートは1週間に1回、必ずベランダで陰干しします。

最初に、アイロンをかけるワイシャツすべてに霧吹きをしておきます。その後、アイロンをかけるときに再度霧吹きをし、襟、袖の表と裏、袖口、前身ごろ、ボタンホールの部分、背中、脇、肩の順でかけていきます。そしてもう片方を同じ要領でかけます。特にネクタイを締める部分はしっかりかけますね。でも、裾はズボンの中に入っちゃうので、ざっと。1週間でたまった5枚は、だいたい20分ぐらいでかけてしまいますよ。

1週間のうちで、1回でも着たコートやジャケットは、週末にはベランダで必ず陰干しします。

夫のワイシャツを
アイロンがけしているとき、
夫のことを考えています。

エプロンは私の仕事着

●ファッションへのこだわり

基本のカラーは黒。シンプルで長く着られるものが好きです。流行にはあまり左右されません。

かつて私は、体重が94キロもあって、おしゃれには縁遠かったんです。「あっ、これ素敵な色だな、デザインだな」と思っても、自分の体形を考えるとてもじゃないけれど、買うことができませんでした。買う色は、体が引き締まって見える黒ばかり。デザインもシンプルなものがほとんどです。これは今も変わりありません。その太っていた頃の恐怖心が、実はいまだにあって、今でも選ぶのはほとんど黒です。黒以外だったら、ベージュか白ですね。トップはシンプルなデザインを選べば、流行にさほど左右されませんが、襟元があいているか、きちんとしまっているかのどちらかが好き。中途半端にあいていたり、しまっているものはちょっとダメですね。

もともと、流行を追いかけるタイプではありませんが、ボトムは、ラインなど多少の流行がありますので、さりげなく取り入れるようにしています。柄よりも、色を重視して長く着られるものを選ぶようにしていますね。

黒や白のいいところは、「同じものをまた着ている」と思われないんですよ。目立つ色のものは、「この間も着ていた」とバレちゃいますが、黒や白だとそれが比較的ないんです。それと、私が小さい頃、母が黒と白のブラウスを着ていたことがあって、それを着ている母がすごくかっこよかったんですね。多分そういう記憶もあって、黒と白が好きなんだと思います。

でも基本は動きやすいもの、エプロンに合うものです。エプロンは私の仕事着ですから、朝6時から、夜お風呂に入る直前までつけていることがほとんど

1日中つけているので、肩に負担のかからないもの、汚れが目立たない黒や茶などが基本ですね。エプロンはふきんと同じですから、がんがん使えて、じゃぶじゃぶ洗え、漂白できるものがいいですね。

です。そのままスーパーに買いものにだって行っちゃうんですよ。エプロンも黒が基本ですが、最近では赤やグリーンなんかもつけるようになりました。エプロンもシンプルで丈夫なものが好きです。ちょっと手を拭くと、すぐビショビショになってしまうもの、汚れが目立ちやすいものなどはダメですね。

講演会などもよくやらせていただくんですが、エプロンをつけたままでやることが多いんです。料理の講習会後に講演をやることがほとんどなので。かっこいいスーツを着るのも、もちろん素敵ですが、私の仕事は料理をすること。だから、動きやすくてシワにならない服装がいちばんなんですよ。

靴はサイズが大きいので、入ることが優先。今のところ、自分が靴に合わせて買っている状態です。だから、色もデザインも結構限定されちゃうのがちょっと悲しいですね。ヒールの高いものは、普段から履きません。やはり講演などに出かけることや、料理をすることを考えると、動きやすいものがいいですね。結局は自分が困りますから。

アクセサリーは、若いときは自分に自信がもてなかったので、つけたこともありましたが、今は仕事のときはもちろん、プライベートでもほとんどつけません。つけるのは冠婚葬祭のときぐらい。

もともと、あんまり興味はないんです。何十万円も出すのであれば、食器やグラスなど家庭で毎日使えるものを買いたいなと思います。

「アクセサリーで自分を飾って、素敵に見せようと頑張らなくてもいい」と自分に自信がもてるようになってからは、意識してつけなくなりました。自分を素敵に見せる方法はほかにもあると思っています。

これらのちゃぶ台やライティングテーブルなどは、夫の祖母が使っていたものをいただきました。今度は私たち夫婦が大切に使う番です。いずれはどなたかに譲りたいと思っています。

わが家のほとんどのインテリアがアンティークです。大事に使って誰かに譲りたい。

アンティークに心惹かれる理由

● 心落ち着くインテリア

実は、部屋にはなにも置きたくないんです。掃除をするときにも、なにも置いていないほうがやりやすいですもの。でも現実にはそういうわけにはいきませんから、仕方なくってところがありますね。

インテリアは、正直どんなものを選べばいいのかわからないんです。北欧モダンやイタリアモダンなど、どれも素敵だなと思うんですが、自分のなかで「これだ！」っていう決め手がわからないんですね。あんまりおしゃれすぎると、自分の家なのに身の置きどころがなくなってしまい、疲れちゃう気がして。

だからかもしれませんが、新品のものよりもアンティークが好きです。わが家のインテリアはじゅうたん、テーブル、飾り棚など、ほとんどがアンティークです。若い頃だったら、それこそモダンなものを選んでいたと思いますが、最近は20年、30年後も使えるもので、私たちが歳をとったときに、違和感があるな、と思うものは買わないと決めているんですよ。

アンティークは誰かがずっと使い続けて、そして今でも使われているものですから、いいものだということを世の中の人が認めてくれた証拠だと思っています。それを受け継ぐのがすごくうれしいんです。この間も、夫の祖母がずっと使っていたちゃぶ台を送ってくれたんです。祖母が大切に使ってきたものですから、今度は私たち夫婦が大切に使って、また誰かに受け継いでもらえたらいいなと思っています。そしてこのちゃぶ台に限らず、わが家の家具も、何十年後かには誰かに受け継がれるよう、大切に愛情を込めて使っていきたいですね。

リフレッシュは私なりの方法で

●ストレス解消法

ストレスを感じないことに越したことはありませんが、なかなかそうもいかないですよね。多少の差はあれ、誰にでもストレスはありますから。でも、それにずっと引っ張られないよう、極力溜めないようにしています。そうじゃないと、次に進めませんし、心身によくありませんもの。

いろんなストレス解消法がありますが、夫も私もお香が大好きなので、よく焚きますね。お香は、夫が銀座の行きつけの店で買ってきてくれるんです。焚く香りは、その日の気分によって違いますが、なぜかアロマよりも、お香のほうがリラックスできるんですね。

あとはお茶。日本茶をはじめ、紅茶、ハーブティー、中国茶などいろんな種類のお茶を買ってきて、夫とふたりでティータイムを楽しみます。義母がお茶とお花の先生だったこともあって、お菓子をいただくときは、必ず夫がお茶をいれてくれるんですよ。

それ以外だったら、やっぱりお風呂ですね。大好きで休みの日には朝起きて入って、掃除をした後に入って、夜寝る前に入ります。入浴剤を入れて、30分ぐらいゆっくりと湯船に浸かっていると、心身ともに疲れが取れてリラックスできます。それにレシピのアイデアなんかも浮かんでくるんですよ。特に冬は、湯船に体を沈めると、「あー、日本人に生まれてきてよかった」としみじみ思います。ささやかですけど、幸せを感じるひとときです。

疲れを取るには
お香とお茶。
そしてお風呂も大好きです。

タイやベトナムに行ったときに気に入った香りを買ってきます。それを焚くと、その国での思い出がよみがえってきますね。

日本茶はもちろんですが、ハーブティーや中国茶などいろんなお茶を夫とふたりでいただきます。おいしいお茶は心も温まりますよね。

キッチンに必要なアイテム

●私のブランド〝Chinami〟

私の「あったらいいな」を形にした〝たためる〟水きりかごとキッチンバサミです。

持ち手はやわらかく、弾力性があるので、力を入れても手が痛くならないんです。刃の部分も取り外し可能なのでお手入れも簡単ですよ。

水きりかごって、ないと困りますし、でも使わないときには大きくてすごくジャマになりますよね。これをなんとかしたいと思って考えたのが、〝たためる〟水切りかごなんです。上段は大きく開いているので、お鍋やボウル、もちろんお皿も大丈夫。下段はコップや茶碗、お椀などをあげておけます。箸やスプーンを立てられるラックもついているのでバラバラになりませんし、早く水がきれます。使わないときはコンパクトにたためて、まな板やふきんがかけられるようになっているんです。ステンレスなのでお手入れも簡単。キッチンにスッとなじんでくれると思います。

水きりかごの次にどうにかならないかな、と思っていたのが、キッチンバサミなんですね。硬いものを切るときに手が痛くなってしまうので、それが解消できたらいいなと。

私が考えたハサミは、握り手の部分はやわらかくて弾力性があるので手が痛くなりません。片方の刃先はギザギザになっていて、やわらかいものでも硬いものでも滑らずに気持ちよく切れるんです。切れないハサミはイライラしますが、これならそんなことはありません。刃は取り外し可能なので、汚れがたまりやすいつなぎの部分の掃除もラクチン。この部分に汚れがたまっていると、切れ味も悪くなりますから。また今までのキッチンバサミと違い、食卓でも使っていただける大きさなんです。

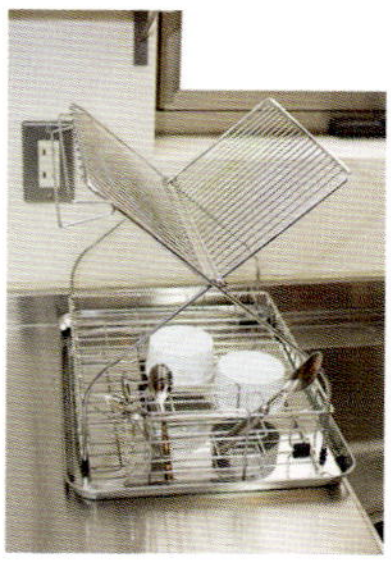

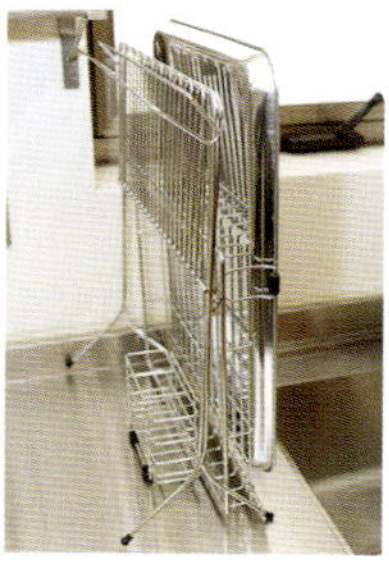

使うときは広げて、使わないときはこうしてたたんでおけば、作業台も広く使えます。

普段の挨拶が基本です

●ご近所付き合い

「向こう三軒両隣」なんていう言葉がありますが、最近、特に都会では自分の隣にどんな人が住んでいるのかわからないということが多くなりましたよね。でも、これってなんだかさみしいですし、怖いです。馴れ馴れしくする必要はありませんが、せめてご近所ぐらいはどんな方が住んでいるのかは把握しておきたいですよね。ちょっとぐらいは行き来があってもいいと思います。

わが家も引越してきたときには、紅白のおまんじゅうを持って、ご近所にご挨拶に伺い、そのときに、この町内会のルールもきちんと教えていただきました。お互い気持ちよく暮らすためにも、大切なことだと思います。それに防犯などいろんな情報も入ってきますから安心ですよね。

やはり、後から来た人は自分から入っていく、溶け込んでいくという姿勢が必要な気がします。月並みな言い方になりますが、ひとりでは生きていけないんですから。

遠くの親戚より、近くの他人。いざというときご近所さんは力強い味方です。

近所にお母様が亡くなられた家があって、当時、まだお子さんが小さかったんですね。子どもの日にはちらし寿司を作ってお届けしたり、夫や私の実家からなにか送られてきたときには、おすそわけをしました。今でも行き来があって、なにかあるとおすそわけしたり、いただいたりしています。

いざというときには遠くの親戚より、近くのご近所さんが助けてくれますから、日ごろから、ご挨拶やお付き合いをしておきたいものですね。

2階のリビングは、私たち夫婦のくつろぎの場所です。休日は、ミントも一緒です。

夫婦だって100%はわかり合えません

●理想の家庭

夫は妻を思い、妻は夫を思い、親は子どもを思い、子どもは親を思うことが私は理想の家庭だと思っています。たとえば、夫は一緒に買いものに行ったら、荷物を持ってあげるとか、妻は夫と子どもの好きなものを作るとか、子どもは親の手伝いをする、感謝を伝えるなど、こうしたささいなことの積み重ねが家族の絆を強くすると思いますし、大切なことですよね。ひとりの人間として、家族ひとりひとりが、家族を守るという気持ちが必要だと思います。それに、家庭は社会に出るための訓練の場所でもあると思うんです。

私は夫とふたり暮らしですが、夕食には夫の好きなものを、どんなに仕事で遅くなっても作って、ふたりで食事をします。疲れているときにはたしかに大変ですが、それでも、夫の好きなものを作ることで自分自身も元気になれますし、楽しいんです。そして食卓を一緒に囲めば、「今日はなんか疲れているな」など、お互いの健康状態や、「今、なにか悩みがあるのかな」ということもなんとなくはわかりますから。1日1回は必ず、ふたりで話す時間を設けています。それが、わが家では食事とワインの時間です。短時間でもきちんと話をするのと、しないのとでは気持ちがぜんぜん違いますよね。

それと、ひとつしかないものは必ず半分ずつにします。独り占めは絶対にしません。これは家庭だけでなく、仕事場でもそうです。ひとつしかないものは少しずつでもいいから、みんなで分け

愛犬のミント。お転婆盛りの女の子です。

感謝の気持ちを声に出して伝える。とっても大切なことで、家族が幸せになれますよね。

合う。これもやはり、うまくいくコツのひとつでもあると思いますよ。

あとは挨拶や感謝の言葉。なにかやってもらったら、必ず「ありがとう」と口に出して伝えます。夫もおんなじです。食事でも必ず、「おいしい」とか「今日のは少し味が薄いね」など感想を言ってくれます。

特に主婦の方は、食卓こそ〝晴れ〟の場ではないでしょうか。そこで夫や子どもから、「おいしい！」「また作って！」と言われたら、どれほどうれしいか。家族の間でも思いやりの心が、幸せな家族を作っていくのだと思いますよ。


「以心伝心」と言いますが、どんなに長く連れ添った夫婦であっても、黙っていたら、伝わらないことのほうが多いと思います。言葉には魂が宿っていると思いますから、声に出してきちんと伝えたいですね。

感謝の言葉は口に出したほうがいいと思います。感謝されてイヤな顔する人はいませんもの。また、夫婦だからといって100％わかり合えるということはないと思います。お互いの歩み寄りが大切ですよね。そしてたとえ夫婦であっても、相手をバカにしたり、けなす言葉は吐きません。これは絶対によくないことです。

それでもわが家も、ごたぶんにもれず、夫婦ゲンカはありますよ。ただ、昔のように、お互いつまらない意地を張らなくなりましたし、「ここらへんにしておこう」というブレーキもうまくかけられるようになったので、それほど大きなものにまで発展しません。自分が悪いなと思ったら、すぐに謝る。これが大切ですね。

料理の楽しさ、大切さを
時間が許す限り、
ずっと伝えていきたい。
これが自分の
役割だと思います。

女性が素敵になれるお手伝いをしたい

●将来の自分

これ、ノロケでもなんでもないですが、夫が「君のために人生を送りたい」と言ってくれるんです。でも私は「夫のために人生を送りたい」と思ってはいないの。こう言うと誤解されてしまうんですが、ふたりで一緒に人生を送りたいんです。やはり、夫と同じ土俵で生きていきたい。だから、そのためにも、今の仕事をもう少し極めたいんです。女性が健康で素敵になれるように、食の部分からお手伝いをしたいんですね。

男女平等になったとはいえ、やはりそれぞれの役割はあると思います。細かいところまで気がつき、気配りできるのが女性ですし、それを最大限に発揮し、訓練できるのが料理だと思うんですよ。

もちろん、お裁縫などでもいいと思いますが、料理は365日、毎日ですから、いちばん身近ですし、家族の心身の健康状態、考えていること、悩んでいることなど正確にわからなくても、「あー、今はこんな状態なんだな」ということは感じ取れますもの。そして、好みの食材や味などもわかります。こうしたことをひとりでも多くの女性に伝えていけたらと思いますし、おいしいものを食べたいけど、作り方がわからないという人にも、お料理の楽しさ、大切さを伝えたいですね。

私は本にサインをするときに、「食は一生の宝。ぜひ、ご一緒に」という言葉を必ず書くんです。そう、皆さんとともに楽しみましょう！　頑張りましょう！という気持ちで毎日、料理の仕事をさせていただいています。

掃除・整頓

掃除をすると、
自分の心まできれいになったようで
清々しいものです。
掃除とは、体の健康はもとより、
心を健康にする効果も
あるのではないかと思います。

掃除する
場所とサイクルが
決まっている

私流のお掃除カレンダーを紹介します!

わが家は共働き、しかも夜が遅いので、毎日掃除をすることができません。毎日やるのは、市販のモップで床を掃除することと、入浴後のお風呂掃除です。そのほかは週末、祝日、3ヵ月に1回、半年に1回と、掃除する「場所」と「サイクル」を決めてやるんです。

たとえば、トイレは週末、祝日は窓拭き、食品を整理整頓も兼ねてやる掃除は3ヵ月に1回、天井やシーリングファンなど、脚立が必要なところは半年に1回などです。1回決めてしまうと、それに従ってやればいいのでラクチンです。

いっぺんにやろうとするから、自分ひとりでやろうとするからイヤになっちゃうんですね。やることを習慣づけてしまうこと、夫や子どもを巻き込んで家族みんなでやれば、あっという間にきれいになりますし、家族の会話も増え、絆も強くなると思います。そしてやらないことのほうが気分が悪くなってきます。家族みんながリラックスできる心地よい空間がおウチですもの。

わが家も掃除はかならず夫とふたりで分担してやるんですよ。夫は主に掃除機がけとトイレなどの水回り、私はキッチンや窓拭きなどです。夫は掃除機をかけるのがすごく上手でかけ残しがありません。ベッドの下や冷蔵庫の下など、ついつい忘れがちなところもきちんとかけてくれ、夫が掃除機をかけた後は塵ひとつ落ちていないほどです。そのお陰もあって、わが家は大掃除をしたことがない、これが自慢です。掃除をしていくと、自分の心もきれいになっていくような気がしてとっても気持ちいいですよね。

これが私の家です！

8年前に、現在の家を建てました。
2階建ての木造一戸建てです。
これからご紹介する
〝お掃除カレンダー〟の
参考にしてください。

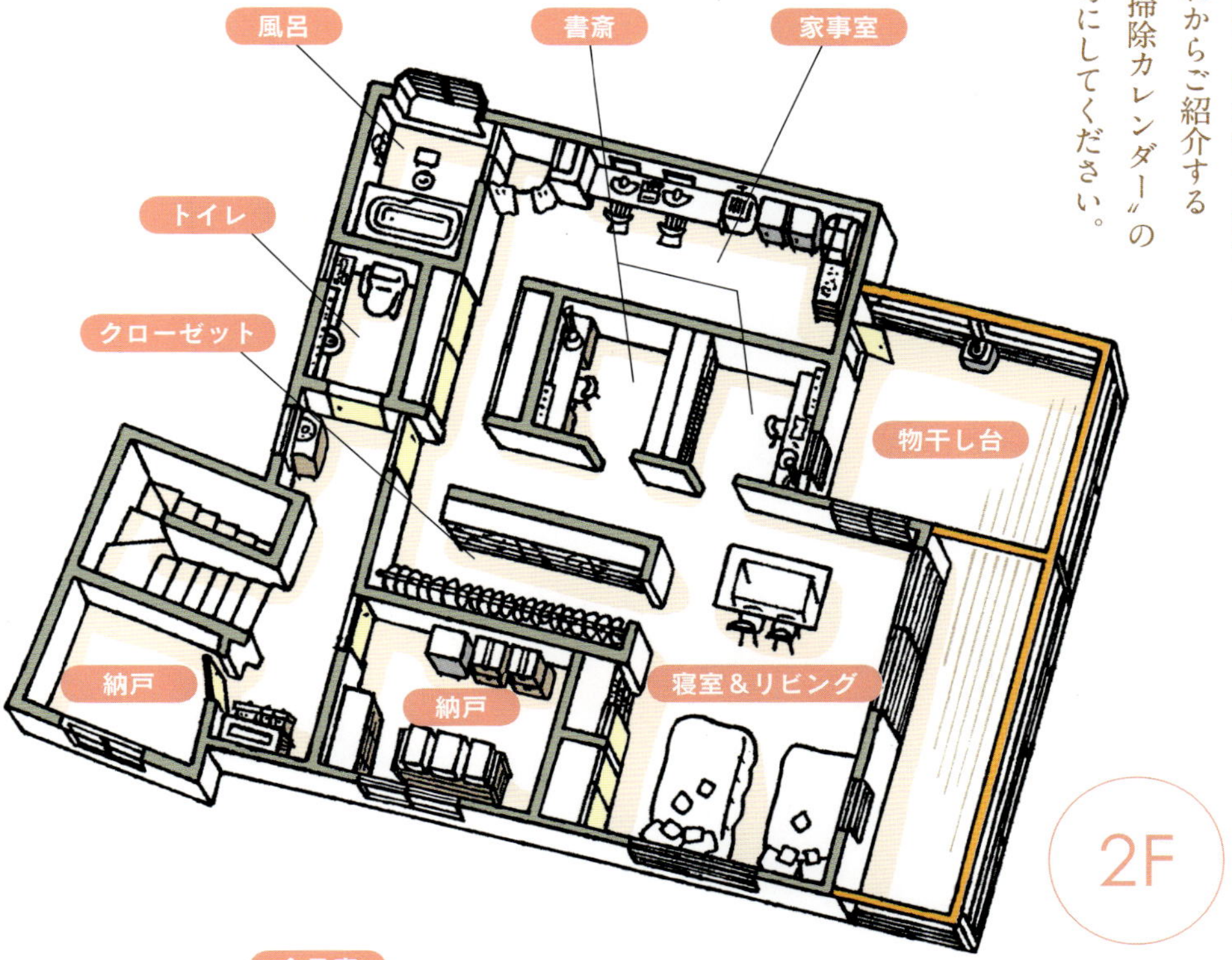

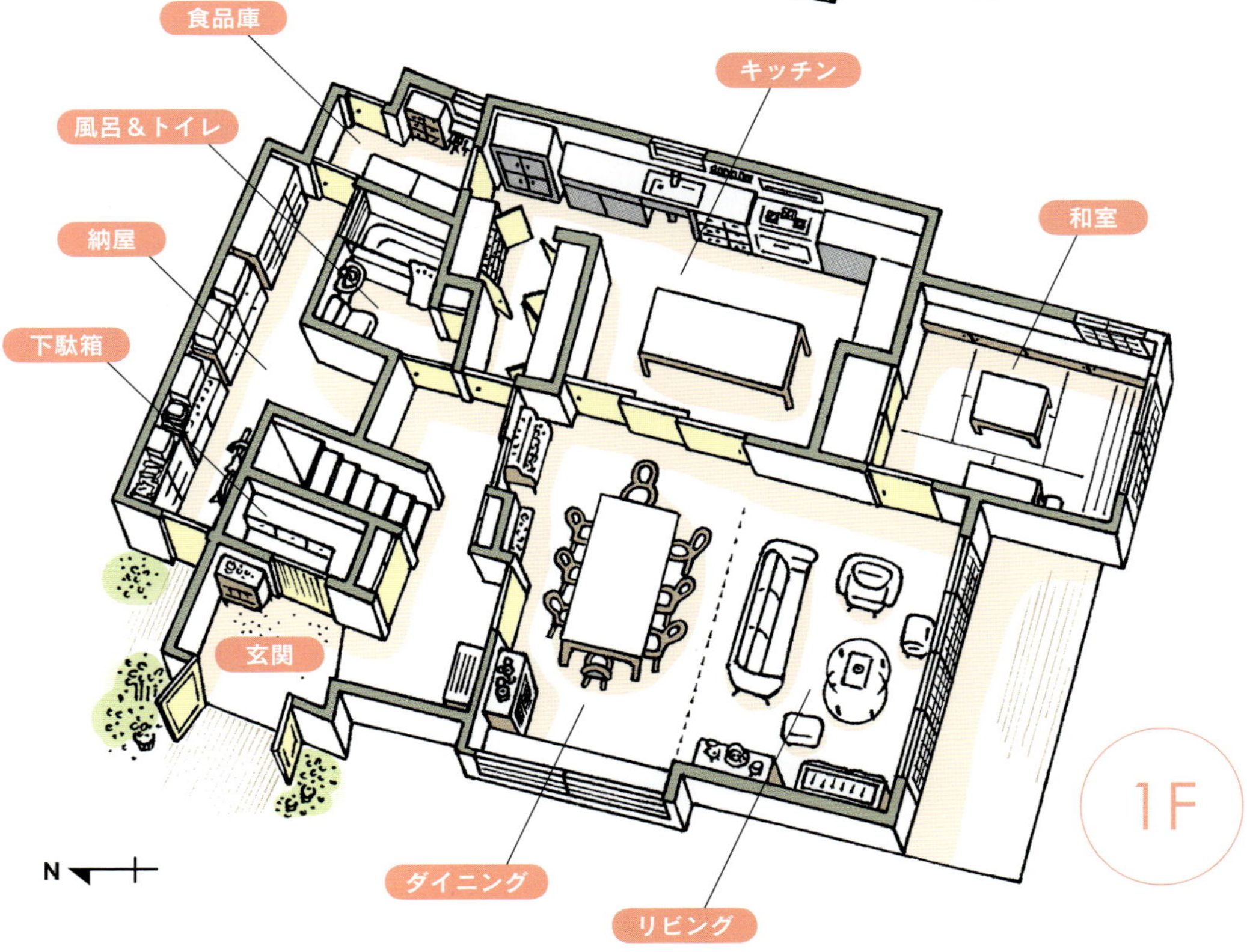

気になったとき、時間があれば、帰宅してすぐ、毎日する

家の掃除は、基本的には毎日したいんですが、平日の日中は仕事で家をあけているので、「ここだけは必ず!」と決めて掃除をしています。毎日少しずつやっていれば、大きな汚れにはなりません。習慣づけてやることが大切です。また、わずかな時間も有効活用です!

床

帰宅してすぐやることはクイックルワイパーで床掃除!

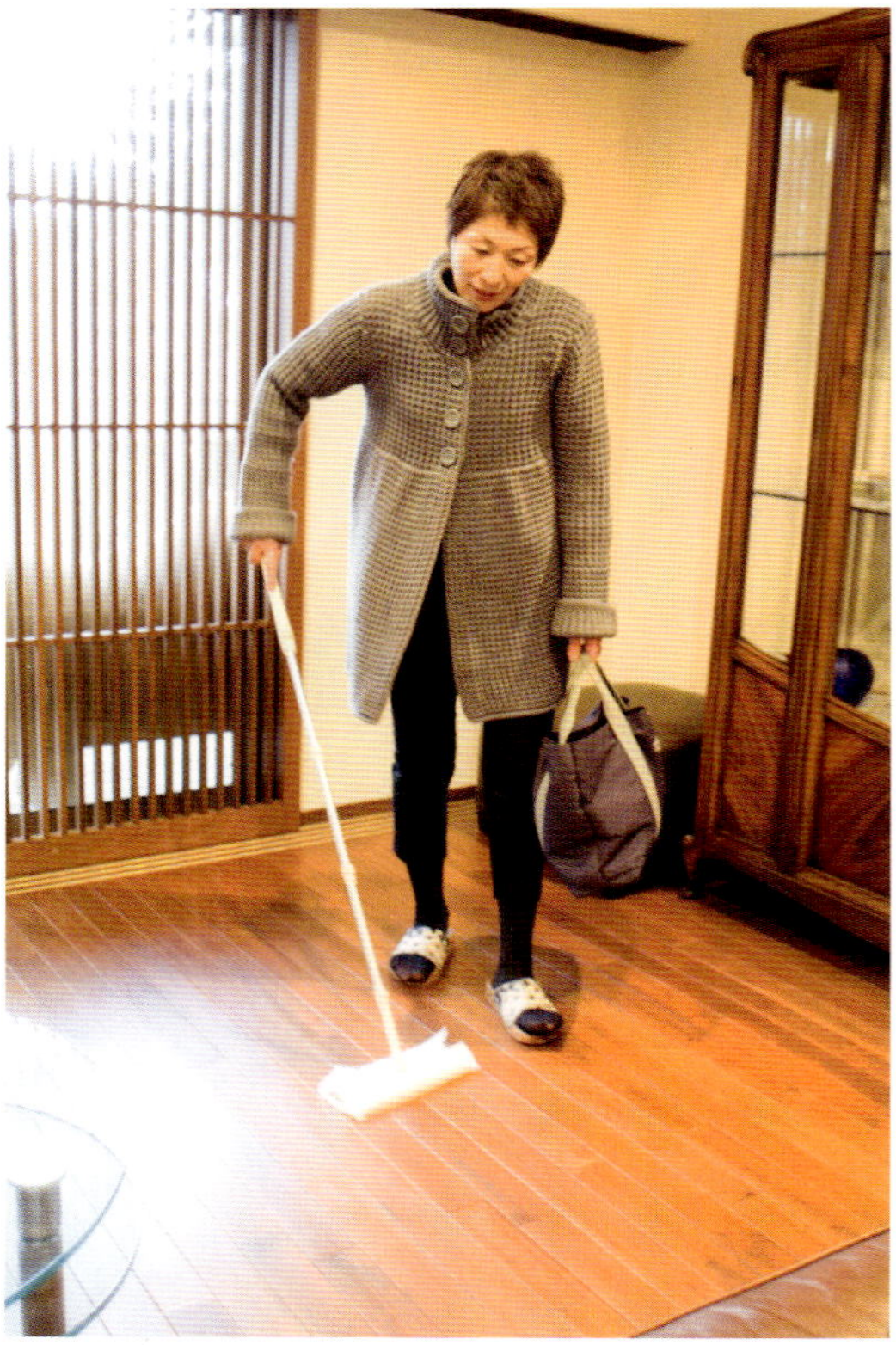

コートを着たまま、鞄を持ったまま、部屋が暖まるまで、床掃除。体も暖まります!

コンロ・オーブン

使ったら必ず、余熱があるうちに汚れを拭き取ります。

↓準備するものは、洗剤とふきん。水拭きのいらない洗剤や、油汚れに強い洗剤も用意。

→コンロは使用したら、必ず汚れを拭き取ります。汚れがついた五徳は、余熱があるうちに水洗い。

↓オーブンも使用したら、余熱があるうちに汚れを拭き取ります。

お掃除ちょっとメモ❶

充電式の掃除機で即、掃除機がけ

コード式の掃除機に加えて、充電式の掃除機があれば、汚れたときにすぐ使えて便利。

お掃除ちょっとメモ❷

洗剤は必ず、ふきんに吹きかけてから

洗剤は必ず、ふきんやぞうきんに吹きかけてから拭き掃除を。直にかけるとシミになることも。

シンク

汚れを見つけたときにまめにやっておきましょう。

↓準備するものは、研磨剤とふきん。色々試したけれど「ニュースピカ」が1番。

←洗剤をふきんに少しつけてステンレスの気になる汚れをこすり落とします。

←ステンレスに付着した汚れも、洗剤をつけてこすれば、すっきりきれいに。

換気扇

1日の最後に必ず換気扇を掃除。

↑一般家庭のものとは少し形状が違いますが、1日の最後に必ず汚れを拭き取ります。

風呂・洗面台

入浴後に必ず、夫が掃除をします。

↑写真では洋服を着ていますが、入浴後、夫がそのまま掃除をします。

↑洗面台も、気がついたときに汚れを洗い流します。毎日使うところは、特にきれいにしておきたいもの。

お掃除ちょっとメモ❸

通販で買ったスチームクリーナーは◎

シンクの排水溝付近や、三角コーナーなど、ステンレスのしつこい汚れには、高圧蒸気で。

メインは週末と決めて、朝から掃除

共働きの私たち夫婦は、平日じっくりと掃除ができないので、「土曜日にする！」と決めて、ふたりで朝から掃除にかかります。昼にランチなどの休憩を入れて、午後2時頃まででやるんです。ふたりの分担は決まっています。

玄関

まず最初にするところ。私が掃き掃除をします。

愛犬の「ミント」の定位置でもあるわが家の玄関。まず最初に掃き掃除から。

リビング

掃除機は夫、床掃除は私の担当です。

↓リビングは、まず最初に南面のデッキに面した格子戸の桟（さん）の埃を取ります。

←夫がキッチンの床に掃除機をかける様子。冷蔵庫とベッドの下に埃がないのが自慢。

←掃除機をかけた後、床にクイックルワイパーをかけ、ぞうきんで乾拭きをします。

お掃除
ちょっとメモ⑤

クイックルワイパー用シートの使い古し再活用法

クイックルワイパー用シートの使い古しは、サイクロン式の掃除機の中を拭くのに使用。

お掃除
ちょっとメモ④

床の拭き掃除はエクササイズ！

背筋をグーッと伸ばして、掃除もエクササイズにしてしまいましょう。ダイエット効果大。

できるときではなく、祝日と決めてする！

トイレ

便器に手を突っ込み、ゴシゴシ磨きます。

←準備するものは、洗剤、スポンジ、そして長年使っているキッチン用のダスター。

↓トイレは夫が掃除。スポンジに洗剤をつけ、後は素手で豪快にゴシゴシ磨く！

お掃除ちょっとメモ⑥

こんなになるまで使っています！

トイレ掃除に使っているダスターは使い込んでボロボロに。夫は少しうれしそう。

窓ガラス

新聞紙を使って、しつこい泥汚れを落とす！

意外に汚れるのが窓。私の家には、1階の南面に大きめのサッシ窓、2階のリビングにも物干し台に面して、サッシ窓が入っています。窓ガラスは、「祝日にする！」と決めて、朝から取りかかります。私ひとりでやるので、約4時間かかりますが、きれいになった窓はとても気持ちがいいものです。

→準備するものは、窓ガラス用洗剤、新聞紙、お湯、ぞうきん、仕上げ拭き用のぞうきん。

↓新聞紙をお湯にぬらし、窓ガラスを拭きます。この後、洗剤、ぞうきん、仕上げ拭き用ぞうきんの順に。

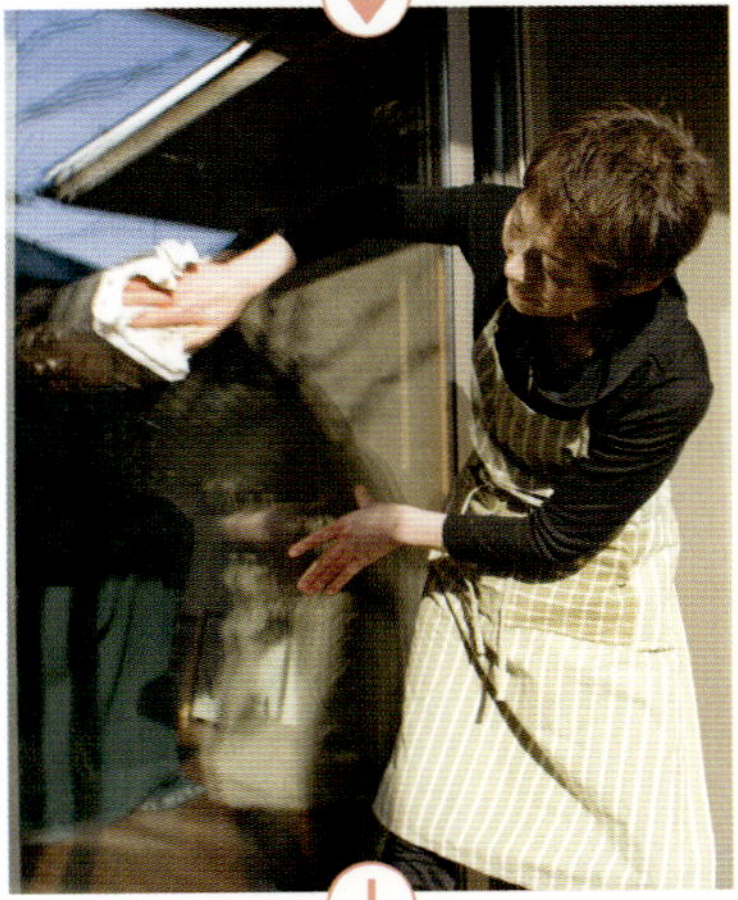

Every Month

1ヵ月ごとにする

散らかりやすい冷蔵庫は、「1ヵ月ごとにする！」と決めて、整理整頓も兼ねて掃除します。

冷蔵庫

賞味期限切れのものがないかもチェック。

↓準備するものは、口に入っても大丈夫な電解アルカリ洗浄水の「超電水」。

↑超電水をふきんに吹きかけて、冷蔵庫の汚れを落とします。整理整頓も同時に。

Every Three Months

3ヵ月ごとにする

窓には、カーテンではなくて木製ブラインドをかけています。シーズンごとに埃を払います。

ブラインド

ハンディタイプのモップが活躍します。

←ブラインドの縦方向は3ヵ月に1回、横方向は半年に1回ほど丁寧にします。

Every Four Months

正月、ゴールデンウイーク、お盆にする

まとめてお休みの取れるお正月、GW、お盆は、食品庫の整理整頓のチャンスです。

食品庫

在庫の整理や、賞味期限切れのものの選別もします。

→調味料、保存食品、スープ類など、種類別にし、すぐ使えるように工夫して整理。

お掃除ちょっとメモ7

食品庫のすみに洗剤類をまとめて

キッチン横にある食品庫のすみに、洗剤やぞうきんなど、すぐ使えるようにまとめています。

半年に1回。特に夏はイベント気分で

網戸、ベランダ、天井やシーリングファンのすす払いなど、ジャブジャブと水を使う掃除、手が届かないところを掃除するのに、脚立が必要になってくるような場合など、大掃除並みの掃除は年末、という一般常識は捨てて、気候のいい時期がおすすめです。わが家は年末に大掃除はしません。

網戸

冬場は避けて、天気のいい日に！

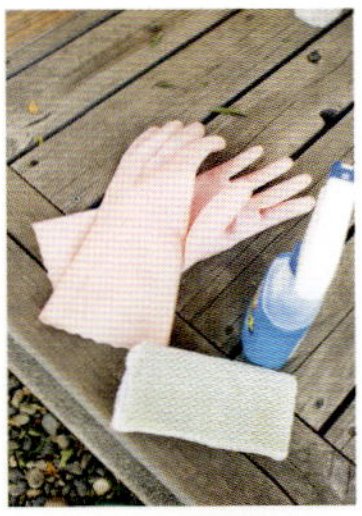

→準備するものは、洗剤、スポンジ、ゴム手袋。

↓網戸に直接洗剤を吹きつけ、スポンジでゴシゴシ洗います。後は水をかけて、日向に干しておくだけ。

物干し台

これがやりたくて物干し台を広くしたようなものです！

←↓モップをぬらして、ただ物干し台を拭くだけ。物干し台脇にある水道でモップを洗います。

天井

吹き抜けの天井についているシーリングファンもラクラク！

↑桟の埃取りでも活躍している便利グッズを使います。シーリングファンの羽もきれいに。埃が羽に吸いつくように取れます。

お掃除ちょっとメモ 8

キーウィの羽でできた便利グッズ

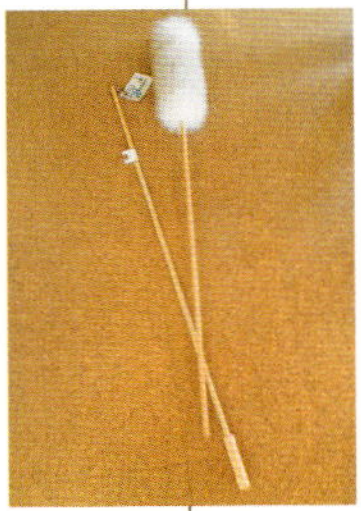

埃を見事に取るスグレモノ。柄が短いのと長くなるものを使い分けています。

浜内流

収納&整理術

浜内家 2階の工夫

寝室・家事室・書斎・風呂・トイレ・クローゼット・納戸などの生活空間

生活用品

生活になくてはならないけれど、散らかりがちな生活用品は、種類別に分けて、整理・収納しています。

私の家は、2階に寝室、書斎、トイレ、お風呂があります。1階にもお風呂、トイレがありますが、そちらはお客様用。料理の撮影や、来客の多いわが家の工夫です。2階は1階に比べて、よりプライベートな空間になっています。また、脱衣所、洗面所を兼ねた家事室も特徴ですね。

置き薬・文房具

小さな引き出しがたくさんのチェストを

ツメきり、ハサミ、薬など、使いたいときにすぐ出せるように、小引き出しの多いチェストを利用しています。薬も症状別に区分けしているところが少々自慢です！

洗剤などのストック

種類ごとに並べて整理します

家事室近くの棚に、洗剤やスキンケア用品を並べて、整理収納しています。ものが減ってくれば、補充のタイミングも見逃しません。わりと洗剤フェチです！

ハンガー

ハンガーはダンボール箱で整理！

クリーニングについてくるハンガーは洗濯物を干すときや洋服の整理に役立ちます。使わないときはダンボール箱に入れて。

リネン

ベッド横の棚に種類、色別に

ベッド横の収納棚に、バスタオル、シーツ、クッションなど、種類ごと、色別に並べて整理しています。

衣類・衣類雑貨

クローゼットには扉をつけず、すぐ取り出せるように、片方はハンガーパイプ、片方は棚に衣類を収納しています。

スーツ

１週間でローテーションするようにしています

夫はスーツで出勤しますが、同じスーツにならないよう、ローテーションさせています。左側から順に着て、右側に戻します。

ベルト

クローゼットのフチにつけたベルトかけ

夫はベルトもローテーションで、つけていきます。クローゼットのフチに取りつけたベルトかけ。上から順につけて、下に戻します。

ハンカチ・風呂敷

ハンカチ、風呂敷、袋類も種類別にして

ハンカチ、風呂敷、袋類、ポケットティッシュなど、こまごましたものは、種類別に引き出しに入れて、すぐ取り出せるように。

普段着

愛犬ミントとの散歩用の服などはここへ収納

家事室横の収納棚を利用して、ここへとりあえず、という感じでサッと収納します。普段着を収納する場所は必要ですよね。

下着・靴下

夫用と私用の２つの収納棚を使って

洗濯機のすぐ横に置いている収納棚。キャスターつきで動かしやすいんです（右）。中には、下着や靴下、ハンカチを入れています。これなら、見やすくて取り出しやすいです（左）。

整理ちょっとメモ❶

忘れ物防止の“忘れな盆”

夫は帰宅後、このかごに持ち物をすべて移し、翌朝、またこのかごから持ち物をスーツに入れます。名付けて“忘れな盆”！

すぐ使わない食器

納戸の奥の
収納棚に入れています

お客様用の食器、パーティ用の大皿、漆の重箱やお盆など、日常、使わないものは、納戸の奥の収納棚に、取り出しやすいように並べて入れています。

紙袋・箱・リボン

ラッピングに使うので
とっておきます

いただきもののきれいな紙袋、包装紙、箱やリボンは、プレゼントのラッピング用にとっておきます。紙袋は大、中、小に分けて、リボンはビンに入れてしまっています。1年たっても使わない場合は、もったいないですが、思いきって処分します。捨てることも整理整頓には必要です。

いただいたお土産

トイレの飾り棚を
楽しく演出しています

知人からいただいた世界各国のお土産。“各地のお土産”というテーマでトイレの棚に飾っています。とても楽しい雰囲気になっていますよ。

整理ちょっとメモ❷

自慢の裁縫セット

家事室のすみに置いている籐のチェストの引き出しに裁縫セットを収納しています。実はクッキーが入っていた箱なんです。

浜内家

1階の工夫

リビング・ダイニング・キッチン・食品庫、納屋・トイレ・風呂などの生活空間

わが家の1階は、リビング、ダイニング、キッチン、食品庫、納屋、お客様用のトイレ、お風呂があります。自宅のキッチンで料理撮影をすることもありますし、スムースに料理ができるよう、整理整頓は欠かせません。家を建てるとき、キッチンは特にこだわって設計しましたよ。

食品庫

種類別に
かごに入れて見やすく

キッチン横にある食品庫には、食材を種類別に分けて、かごに入れ、よく見えるようにディスプレイ収納しています。

見せる食材

パスタ、香辛料、
豆類などは見せて楽しむ

パスタ、香辛料、豆類、調味料、小麦粉など、ガラスのビンに入れれば、使うときもわかりやすく、見た目も楽しい！

お茶

大好きなお茶は
いろいろ揃えて

夫婦ともに大好きなお茶は、いろいろ揃えて、棚に並べて収納しています。その日の気分で日本茶、中国茶、紅茶、ハーブティーなどすぐ飲めるようにわかりやすく並べて。

鍋類

鍋は同じメーカーで
揃えて買います

鍋は結構収納しにくいものです。同じメーカーのもので揃えれば、比較的収納しやすいですよね。

普段使いの食器

ごはん茶碗、お椀、箸、小鉢など、分類して収納

ごはん茶碗、お椀、箸、ナイフ・フォーク、湯呑み、コップ、お皿、小鉢などすべて仕分けして収納しています。お皿は白いものが多いですね。料理がおいしそうに見えて、なにを盛りつけてもしっくりしますから。これらの写真に写っている食器が、わが家の普段使いの食器のすべてです。意外と少ないですか？

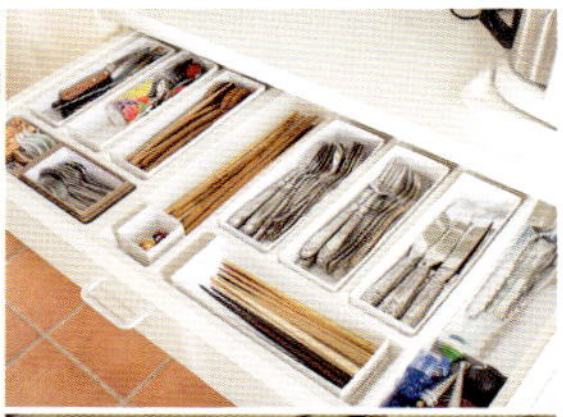

調理器具

あるべき場所にあることが大切です

調理台の近くの引き出しには計量カップやへらを。コンロの近くには、トングやしゃもじ、調味料を。すぐ取り出して使えます。

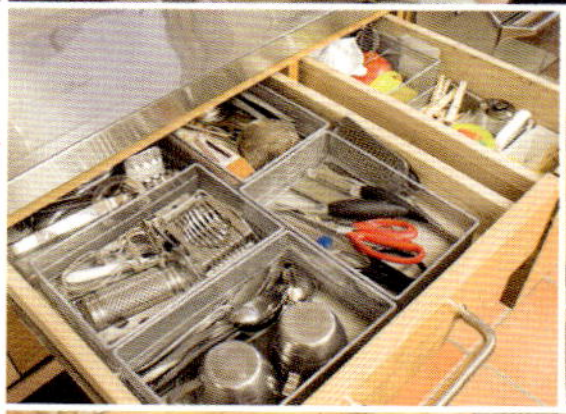

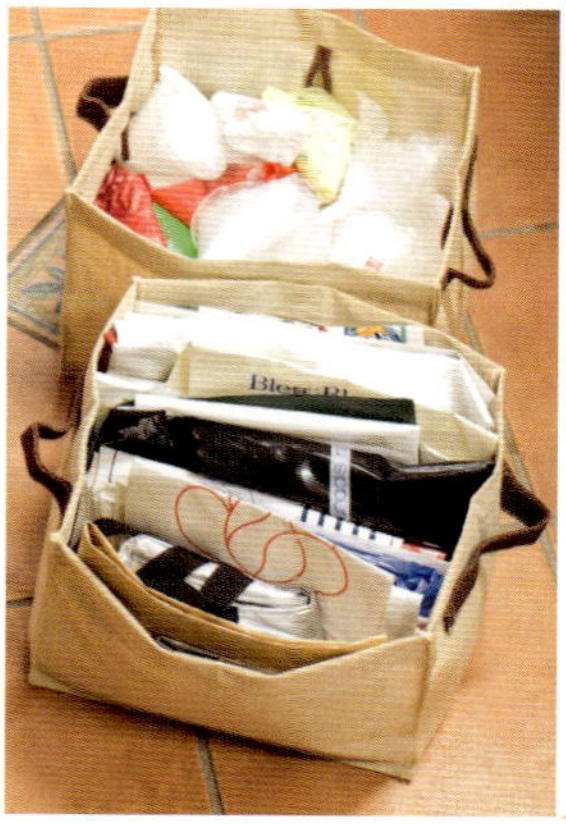

ビニール袋

ビニール袋はまとめて新聞紙用の布袋に

スーパーやパン屋さんで買い物をしたときのビニール袋や紙袋は、新聞紙のストック用の布袋に入れて収納します。シンク下のスペースに置いています。

輪ゴム・ビニールタイ

輪ゴム、ビニールタイも小物入れにストック

ビニールタイ、捨てていませんか？　でも、捨てずにとっておくと意外に役立ちます。輪ゴムはもちろんですね。

浜内家

家&インテリアの工夫

家事室・書斎・物干し台・納屋など

8年前に家を建てたのですが、その際に、片づけやすく、掃除しやすく、使い勝手のいい家になるように設計しました。わが家なりの工夫ですが、家を新築、リフォームする際には、収納、動線など、家族にとって暮らしやすい家になるよう工夫することが大切ですよね。

お風呂場近くの家事室の壁に、タオルがけをつけました。濡れたバスタオルはここにかけておきます。よく乾きますよ。

家事室

アイロンがけなど
ここでなんでもやります

２階に大きめの家事室を設けました。ここでアイロンがけをはじめ、洗濯、裁縫など、なんでもやってしまいます。

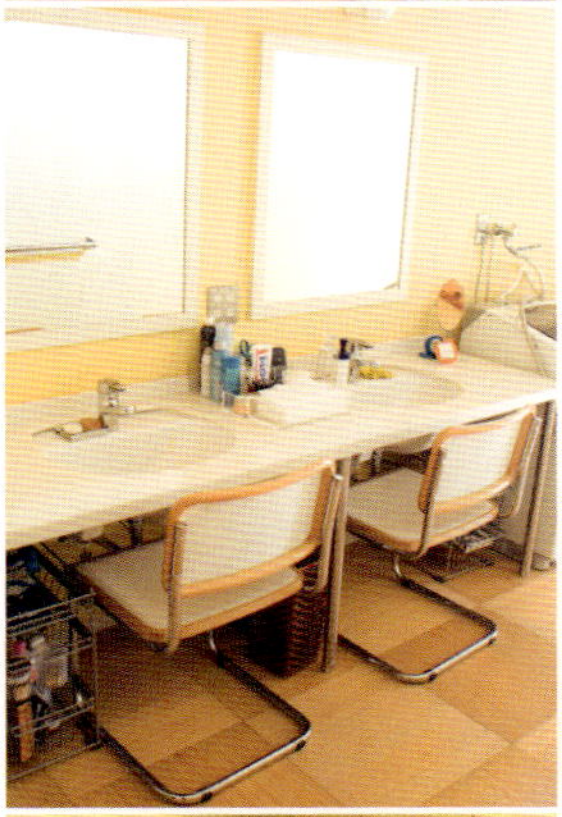

脱衣所・洗面台

わが家で、いちばんの
アイデアです！

脱衣所は、あえて壁などを設けず、家事室の一角をカーテン１枚で仕切りました。洗面台は、ドレッサーも兼ねていて、夫と私専用に２つのボウルを作り付けましたよ。

書斎

寝室横に設けた書斎。
書き物などはここで

寝室の横に、夫と私それぞれ同じ作りで、書斎を設けました。ここでレシピを考えたり、書き物をします。

納屋

１階の食品庫横に
納屋を作りました

自転車や、ガーデニングに使う道具などはこちらに置いています。なにかと便利なスペース。

物干し台

物干し台で
洗濯物を干すのが大好き

洗濯物を干すのって、すごく気持ちがいいですよね。広めの物干し台にして、ふとん、洗濯物など思いっきり干しています。

浜内千波

はまうち ちなみ

1955年徳島県生まれ。大阪成蹊女子短期大学栄養科卒業後、OLを経て岡松料理研究所へ入所。80年5月、ファミリークッキングスクールを東京・中野坂上に開校。90年2月に株式会社ファミリークッキングスクールに改め、05年4月には東中野にスクール及びキッチンスタジオを開設。06年、キッチン用品「Chinami」ブランドを立ち上げる。『浜内式 8強野菜ダイエット』『浜内千波のサラダ食堂』（ともに小社）、『がんばらない！ダイエット料理の基本とコツ700』（主婦と生活社）、『30歳からのおりこう食材ダイエット』（実業之日本社）など著書多数。また『ラジかるッ』（日本テレビ）の「ハードなクッキング」に毎週月曜日生放送出演中。今年で結婚して25年。広告制作会社の夫と、愛犬ミントと暮らす。

STAFF

料理アシスタント ● 末永みどり、矢澤清夏、渡辺 睦
（ファミリークッキングスクール）

カバー・本文デザイン ● 川上範子（node）
撮影 ● 松本祥孝
（カバー、P3～4、P6～72、P74、89、91、93、96、112）
山田耕司（扶桑社）
（カバーソデ、P1、P4～5、P73～87、P90～92、P94～95、P97～98、P100～111）
取材・文 ● 須藤桃子
スタイリスト ● 岩崎牧子
イラスト ● 福々ちえ
校正 ● 高梨伴子（共同制作社）
編集 ● 時政美由紀（扶桑社）

取材協力 ● 花王株式会社

浜内千波の 暮らしカレンダー

発行日　2008年3月30日　初版第1刷発行

著者　浜内千波
発行者　片桐松樹
発行所　株式会社扶桑社
〒105-8070　東京都港区海岸1-15-1
電話 03-5403-8870（編集）
電話 03-5403-8859（販売）
http://www.fusosha.co.jp/
印刷・製本　共同印刷株式会社

ISBN978-4-594-05620-9